実務がわかるハンドブック

契約法務トラブル対応の基本

国内契約書編

吉川達夫
編著

第一法規

はじめに

法務部門に配属となった担当者にとって、契約業務で取り扱う契約書は多岐にわたる。契約業務においては、契約締結にあたってのポイント、契約書の条文を読みこなすうえでの用語の正確な理解、同条文を変更するための修正方法など、必要となる基礎知識も幅広い。担当者として、「契約に関連するトラブルが起きないようにしておきたい」と感じていても、どのような契約書の条文をおさえておけばよいのかわからないとの声は多く、また、「トラブルの発生時、解決に向けてどのように弁護士等の専門家と連携すればよいのか不安だ」との声もある。

このような悩みの解決に資するため、本書は企画された。企画にあたり、本書を中級レベルの法務担当者を目指す読者に向けて、求められる「法務力」の基準を示した『実務がわかるハンドブック企業法務』の姉妹書と位置付け、同書に準じた構成をとることとした。なお、同書は、2015年２月にレクシスネクシス・ジャパン社から初版を出版して以降、2018年３月、2019年12月と版を重ね、2021年11月に改訂第３版が第一法規株式会社から出版されている。

本書は、［国内契約書編］として、よく使われる契約から最近ビジネスで多く求められる比較的新しい契約をカバーした。契約業務の実務を行うための基礎を身につけられるよう、第１　重要契約書編にて、契約書に共通する一般条項についての基礎知識を解説するとともに、代表的な契約書ごとに、締結の**POINTS**、**KEYWORDS**、**関連法令等**、**サンプル条項**と**バリエーション条項**を整理した。必要に応じて、**実務アドバイス**と**交渉ポイント**も付記している。第２　トラブル対応編では、契約にともなう起こりがちなトラブルを解説し、実際の対応の際に、弁護士との相談の勘所も理解できるようにした。第３　契約書審査規程編では、内部統制の一環としての契約書に関わる規程を解説している。なお、契約書・書面のひな型はダウンロードして利用できるようにもしているので、ぜひ活用いただきたい。後日、［英文契約書編］の出版も予定されている。

弁護士や企業法務の実務家に賛同していただき本プロジェクトを纏めることができたことに感謝している。また、本書の企画から出版まで長い期間お世話になった第一法規株式会社に御礼を申し上げる。本書が実務の一助になることを心から願うものである。

2023年6月

編著者　吉 川 達 夫

※内容の正確性は期しておりますが、個別の事案については弁護士等にご相談ください。本書は、出版社、編者、著者個人ならびにその所属団体の法律意見書を構成しません。所属団体は本書には関係ないものとし、出版社、編者、著者は本書に関連して生じることのある責任の一切を負担しません。

目次　実務がわかるハンドブック 契約法務トラブル対応の基本 国内契約書編

第1　重要契約書編

第1章　契約書における一般条項の注意点……2
POINTS……2
当事者の表記……2
契約の終了に関する条項……4
紛争解決に関する条項……9

第2章　秘密保持契約書……12
POINTS……12
KEYWORDS……13
関連法令等……13
契約書条文解説……14

第3章　業務委託契約書……22
POINTS……22
KEYWORDS……22
関連法令等……24
委託契約と印紙との関係……25
契約書条文解説……27

第4章　販売特約店契約書……40
POINTS……40
KEYWORDS……41

関連法令等 …… 41
契約書条文解説 …… 42

第5章 開発委託契約書 …… 59
POINTS …… 59
KEYWORDS …… 59
関連法令等 …… 60
契約書条文解説 …… 63

第6章 事業提携契約書 …… 73
POINTS …… 73
KEYWORDS …… 73
関連法令等 …… 75
契約書条文解説 …… 75

第7章 合弁契約書 …… 85
POINTS …… 85
KEYWORDS …… 85
関連法令等 …… 86
契約書条文解説 …… 87

第8章 和解契約書 …… 98
POINTS …… 98
KEYWORDS …… 98
関連法令等 …… 99
契約書条文解説 …… 99

第9章 反社会的勢力排除に関する覚書 …… 112
POINTS …… 112

KEYWORDS……112
関連法令等……114
契約書条文解説……115

第10章 債務弁済契約書（公正証書）……126
POINTS……126
KEYWORDS……126
関連法令等……127
契約書条文解説……127

第2　トラブル対応編

第1章 労働条件変更のトラブル……136
POINTS……136
KEYWORDS……137
関連法令等……138
リスクヘッジ～トラブル回避のための起案方法……140
実務で使用される書面と解説（労働条件変更に関する合意書）……142
実務で使用される書面と解説（就業規則変更に関する同意書）……144
実務で使用される書面と解説（経過措置）……146

第2章 特許侵害のトラブル……149
POINTS……149
KEYWORDS……150
関連法令等……150
特許調査の種類と進め方……151
懸念特許対応……154

第3章 著作権処理のトラブル …… 158
POINTS …… 158
KEYWORDS …… 159
関連法令等 …… 159
請求側の実務 …… 162
実務で使用される書面と解説 …… 166
被請求側の実務 …… 168

第4章 システム開発委託契約のトラブル …… 170
POINTS …… 170
KEYWORDS …… 172
関連法令等 …… 172
リスクヘッジするための書面の書き方 …… 174
実務で使用される書面と解説 …… 175

第5章 炎上・誹謗中傷 …… 178
POINTS …… 178
KEYWORDS …… 179
関連法令等 …… 179
炎上対応の実務 …… 181
実務で使用される書面と解説（プレスリリース） …… 185
誹謗中傷対応の実務 …… 187
実務で使用される書面と解説（通知書） …… 189

第6章 契約に基づく債務の未払と債権回収 …… 192
POINTS …… 192
KEYWORDS …… 193
関連法令等 …… 194
債務者に未払が生じた場合の実務対応 …… 195

実務で使用される書面と解説……196
実務で使用される書面と解説（請求書面）……199

第3　契約書審査規程編

第1章 契約書審査規程……204
POINTS……204
関連法令等……204
社内の関連規程……206
法務担当者の姿勢……206
自社の契約書ひな型……207
契約書審査規程解説……209

第2章 電子署名規程……217
POINTS……217
関連法令等……217
電子署名規程解説……218

著者略歴……223

第1

重要契約書編

第1章　契約書における一般条項の注意点

POINTS

▶契約書の一般条項は、契約書の本体的な権利義務を定める条項と比較すると、軽視されがちである。一般条項は、雑則（Miscellaneous）の名のもとに、契約書の最後部にまとめて規律されることもあり、その場合にはなおさら確認が不足しがちである。

▶しかし、相手方の信用不安時や紛争惹起時などにおいては、一般条項が検討ポイントの1つとなることが少なくない。このため、あらかじめ想像力を働かせて、将来の係争時に何が生じるか、どのような規定を設けておくことが有利であるかなどを検討し、適切に規律しておくことが必要である。

契約書の一般条項には、広狭さまざまなものがある。以下では、「当事者の表記」「契約の終了に関する条項」「紛争解決に関する条項」の3点に絞って、主な注意点を検討する。

当事者の表記

契約書には、必ず、これを締結する当事者が表記される。当事者について、わが国では、一般的に、例えば、「第一法規株式会社（以下、「甲」という）とABC株式会社（以下、「乙」という）は、次のとおり契約する。」などと冒頭の一部に記載し、当事者について、「甲」「乙」の略称を用いることが多い。これは、「甲」「乙」の表記により契約条項が完成されている既存の契約ひな型を使う際などにおいては、冒頭に具体的な当事者名（前例では、「第一法規株式会社」や「ABC株式会社」）を書き入れるだけで、自動的に当事者が「甲」「乙」に置き換わるため、瞬時に契約書ができあがるという効用に即した実務慣行であると考えられる。

しかし、確立した既存の単純なひな型を流用すればよいケースはともかく、現実には、既存のひな型を大幅に加工したり、一から「作り込み」をした後に相手方との交渉が発生するケースも多い。そのような中、実務上散見されるのは、契約条項中、「甲」と「乙」とを逆に記載しているのに、略称であるために、これに気がつかないまま締結しているというミスである。この種のミスは、締結後に発見されても、当事者間に友好的な関係が維持されている限りは、「これは誤記ですね」で済まされることもあるが、係争時には、当然、重大な問題を招く。

このようなミスを防ぐために最も有効なのは、そもそも、略称を用いないことである。すなわち、「第一法規株式会社（以下、「第一法規」という）とABC株式会社（以下、「ABC」という）は、次のとおり契約する。」としておけば、その後の契約条項中に登場する当事者について、常に具体的な固有名詞（すなわち、「甲」ではなく「第一法規」、「乙」ではなく「ABC」）で把握できるため、以上のようなミスは、格段に防ぎやすくなる。

英文契約では、むしろこのような固有名詞の略語で置き換えるのが一般的であるが、わが国の和文契約においては、まだまだ「甲」「乙」が圧倒的に多い。しかし、これはミスを招きかねない慣行であり、固有名詞置換型に原則化していく方が適切であると思われる。

もっとも、以下では、説明の便宜上、「甲」「乙」の表記を用いることがある。

サンプル

> 第一法規株式会社（以下、「第一法規」という）およびABC株式会社（以下、「ABC」という）とは、○○に関して、次のとおり合意し、契約を締結する（以下、「本契約」という）。

☞ 実務アドバイス

契約書の法的な拘束力は、当然のことながら、契約を締結した当事者の間でしか発生しない。ところが、契約の当事者ではない者が突如契約書中に登場し、その者の権利や義務を規定するような条項案に出会うことがある。このような場合、その契約自体の拘束力を当該第三者に及ぼすには、この者を契約締結の当事者として加え、巻き込むほかはないことに注意が必要である。

契約の終了に関する条項

契約の終了に関する条項としては、①契約の期間に関する条項、②契約の更新に関する条項、③契約の中途解約申入れに関する条項、④契約の解除に関する条項の４つが重要である。

契約の終了に関する条項は、当事者が契約の拘束から解放されるために設けられるものである。契約に期間の定めを設けておけば、契約は、その期間の満了により終了するのが原則である。したがって、契約の期間に関する条項を設け、契約の拘束に服する時間的な限界を明確化しておくことが通常である（①）。もっとも、単発の商品売買や単発のローンなど、ごくシンプルな売買契約や金銭消費貸借契約などにおいては、契約それ自体の期間に関する条項を必ずしも設けず、代金債務の支払や貸金返還の期限など、契約それ自体の骨格のみを端的に規定しておくようなケースもみられるところである。このように、契約の期限の定めの要否は、契約類型や、個別具体的な事案によって検討すべきものであるが、企業法務で接する契約、とりわけ継続的契約関係を定めるものにおいては、契約の期間の定めを設けておくのが原則的な対応であろう。

契約の期間に関する条項を定めた場合、契約の維持・継続に向けての更新条項（②）や、契約の終了に向けての中途解約条項（③）・解除条項（④）の定めを検討することが重要である。

（1）　有効期間条項

契約の有効期間について定めがあれば、期間の満了によって契約は終了する。下記のサンプルでは、契約期間は、2023年４月１日から2025年３月31日までとなる。すなわち、契約は2025年３月31日の満了により終了し、同年４月１日には契約の拘束から外れることになる。

サンプル

> 本契約の有効期間は、2023年４月１日から２年間とする。

実務アドバイス

より明確化を図るために、具体的に、「2023年４月１日から、2025年３月31日までの２年間とする」と規定する例もある。

（2）　自動更新条項

他方、自動更新条項があれば、それに基づく更新が続けられる限りで、更新される。下記のサンプルにおいて、最初の２年間で更新せずに契約を終了させたい場合には、2024年12月31日までに、更新しない旨の通知を相手方に到達させる必要がある。

自動更新条項は、契約の存続可能性を高めることにより、契約の拘束力を強めるための条項である。契約当事者としては、契約締結後の契約管理にあたって、契約の有効期間とともに、このような自動更新条項の有無とその内容（更新しない旨の事前の通知をするための期限）の確認を励行する必要がある。

なお、契約類型によっては、更新が許されないものがある点に留意が必要である。例えば、定期建物賃貸借契約は、契約の更新をすることはできないため（借地借家法38条１項）、更新ではなく、新規の契約を結び直すのが通常の対応である。

サンプル

> 本契約の有効期間は、2023年４月１日から２年間とする。ただし、期間満了の３カ月前までにいずれの当事者からも更新しない旨の通知がない場合、さらに２年間、同一の条件で更新されるものとし、以後も同様とする。

☞ 実務アドバイス

自動更新条項を入れる場合、事前通知期限を長くとると、それだけ契約の存続可能性は低くなり、他方、事前通知期限を短くすると、それだけ契約の存続可能性は高くなる。しかし、契約期間に比較して不相当に短い事前通知期限はトラブルのもとであり、避けるべきである。一般的には、１～２年の契約期間であれば、３カ月前程度が穏当なところであろう。

もっとも、事前通知期限が適切に設けられていても、長年にわたって更新され続けてきた契約について更新しない旨の通知をするに際しては、相互の信頼関係に基づいて長期の継続的な契約関係が続けられてきたことや、更新を拒絶される相手方当事者が被ることのある損害などをも念頭に置いて、事前通知期間よりも、かなりの余裕をもって前倒しで協議を開始するなど、慎重かつ誠実に対処することが適切である場合が少なくない。わが国の判例の一般的傾向として、継続的契約の更新拒絶や後述の中途解約については、それが契約書中に権利として定められていても、その権利の行使が、信義則違反や権利濫用として制限されることがないわけではない点にも、注意を払う必要がある。

（３）　中途解約条項

有効期間のある契約であっても、その拘束から解放されやすくするための条項として、中途解約条項がある。相手方に債務不履行があれば、契約期間中であっても、契約に定められた解除条項（約定解除条項）や民法など一般法の解除条項（法定解除条項）に基づいて解除することができるが、中途解約条項を定めておけば、相手方に債務不履行がなくても、契約期間の中途で解約することができる点に意義がある。

なお、法令上、中途解約が明文で制限されている場合もある。例えば、借地借家法は、建物賃貸人による賃貸借の解約申入れは、正当の事由があると認められる場合でなければ、することができない旨を定めており（同法28条）、これに反する特約で賃借人に不利なものは無効とされる（同法30条）。

サンプル

> 本契約の有効期間は、2023年４月１日から２年間とする。ただし、有効期間中であっても、相手方に対して３カ月前までに書面をもって通知することにより、本契約を解約することができる。

交渉ポイント

契約の中途解約により不利益を被る立場となると想定される当事者（＝契約の拘束力を高めたい当事者）は、契約交渉にあたって、中途解約のための事前通知期間を長めにとったり、中途解約の場合の違約金を定めたり、そもそも、中途解約条項そのものの削除を求めるといった交渉・対応を図ることになる。

（４）　解除条項

民法上、契約の一方当事者に債務不履行がある場合、相手方当事者は、相当の期間を定めて債務の履行を催告し、その期間内に履行がないときは、債務不履行が軽微であるときや、債権者に帰責事由があるときを除いて、契約を解除することができる（民法541条、543条）。また、例えば、債務の履行が全部不能であるとき、債務者が全部の履行を拒絶する意思を明確に表示したときなどは、無催告解除もできる（同法542条）。売買契約やその他の有償契約において、これらの解除権を契約不適合責任として行使することもできる（同法564条、559条ほか）し、請負契約の注文者による解除権（同法641条）や、委任契約の各当事者による無理由解除権（同法651条）などもある。

したがって、もしも契約上、解除事由が何も記載されていなければ、このような法定解除権の定めによって解除することになる。しかし、契約上、約定解除事由が設けられていれば、必ずしも法定の債務不履行解除事由にあたらなくても、解除することができるし、無催告解除事由を拡大するなどして、相手方による契約遵守の可能性を高めるとともに、当方の契約解消手段を強化することができる。また、法定解除事由に委ねるよりも、当該契約の趣旨・目的に沿った形で、解除事由や解除手続の合理化・明確化を図ることができる。約定解除事由を契約に記載する主要な意義は、これらの点にある。

いずれの当事者が解除権を行使する立場となりやすいかは個別具体的な事案ごとに異なり、一概にはいえないが、解除事由の拡大や解除手続の簡素化・短縮化は、解除権を行使する可能性が高い当事者にとっては有利となり、逆の立場の当事者にとっては不利となるのが一般的であろう。

サンプル

甲または乙は、相手方が次の各号のいずれか１つにでも該当したときは、これにより被った損害の賠償を相手方に請求することができ、かつ、何らの通知または催告なくして、直ちに本契約を解除することができる。

（1）　本契約に違反したとき

（2）　支払の停止をしたとき、自ら振り出しもしくは引き受けた手形もしくは小切手が一回でも不渡りとなったとき、自らが債務者である電子記録債権が一回でも支払不能となったとき、自らが手形交換所または電子債権記録機関の取引停止処分を受けたとき

（3）　差押え、仮差押え、仮処分もしくは競売の申立てを受けたときまたは滞納処分を受けたとき

（4）　破産手続開始、再生手続開始、更生手続開始または特別清算開始の申立てをしたとき、またはこれらの申立てを受けたとき

（5）　監督官庁より営業の許可の取消し、営業の停止の処分等を受けたとき

（6）　営業を休止または廃止したとき、または合併によらず解散したと

き

（7）　資産、信用、事業、財産状態の重大な変化、その他上記各号に準ずる事由により、本契約の履行が困難と認められるとき

実務アドバイス

上記サンプルは、「甲または乙は」と一括りにした典型的な文例であるが、「甲の解除事由」と「乙の解除事由」とを区別して条項とする場合も多い。サンプルは無催告解除に関するものであるが、このうち「本契約に違反したとき」については、相手方にチャンスを与えるため、「本契約に違反し、相手方に対する催告にもかかわらず相手方が10日以内に債務の履行または違反の是正をしないとき」などと、実質的に、催告解除型とすることもある。

紛争解決に関する条項

紛争が生じた場合、当事者間の誠実な協議により解決を図ることもあるが、これが期待できない場合には、紛争解決機関における解決を検討せざるを得ない場合がある。このため、契約書には、裁判所における訴えを想定した合意管轄の定めや、裁判所における訴えを避けるために仲裁合意の定めが設けられることが多い。

（1）　合意管轄条項

契約書には、通常、合意管轄の定めが設けられる。合意管轄の定めがない場合には、契約当事者は、民事訴訟法により定まる管轄裁判所に訴えを提起すべきことになる（同法３条の２以下に詳細な規定がある）。その結果、とりわけ、相手方から訴えを提起される場合には、本来は意図しない遠隔地での訴訟追行を余儀なくされることがあり、移動コストを含めた弁護士費用の増加原因ともなる。

この観点から重要なことは、合意管轄に関する条項は、必ず専属的合意にすることである。合意管轄に関する条項に「専属的」合意であることを表す文言が含まれていない場合には、民事訴訟法により定まる管轄裁判所に、単に、新たな合意管轄裁判所を付加する合意をしたにとどまることとなり、意図しない遠隔地での訴訟追行のリスクは何ら解消されないためである。

サンプル

本契約に関する一切の紛争は、東京地方裁判所または東京簡易裁判所を第一審の専属的合意管轄裁判所とする。

(2)　仲裁合意条項

裁判所における紛争解決ではなく、仲裁機関における仲裁判断による紛争解決を想定する場合には、あらかじめ契約書に適式な仲裁合意条項を設けておくことが重要である。紛争になってから仲裁合意をすることも理論上は不可能ではないが、現実には困難である。仲裁のメリットは、非公開で、かつ、訴訟よりも短期間で、当事者が選択し合意した仲裁機関による仲裁判断を仰ぐことができ、これに確定判決と同一の効力が付与されることである。しかし、仲裁合意が適法・適式でなく、その効力が生じないときは、結局のところ、裁判所における訴えによるしかないこととなるから、仲裁合意条項は、その有効性に注意を払う必要が高い。

サンプル

この契約からまたはこの契約に関連して生ずることがあるすべての紛争、論争または意見の相違は、一般社団法人日本商事仲裁協会の商事仲裁規則に従って仲裁により最終的に解決されるものとする。仲裁地は東京（日本）とする。

☞ 実務アドバイス

上記サンプルは、日本商事仲裁協会（JCAA）の推奨例のうちシンプルなものである。各仲裁機関は、仲裁合意の推奨文言をウェブサイトにより公表しているため、これに従うことが大切である。仲裁による最終解決の意思、仲裁機関名、仲裁地を正確かつ明確に記載することがポイントである。さらに、仲裁人の人数、言語を付記するなど、さまざまなバリエーションがある。

第2章　秘密保持契約書

POINTS

▶情報を受け取る者が受領した情報の秘密を守ることを約束する契約である。

▶ビジネスでは何らかの交渉を始める場合、一般的に、交渉内容の検討に必要な情報を一方の当事者あるいは双方の当事者が、相手方に開示する。ところで、情報を受領した者が情報を第三者に漏えいしてしまうと、情報を開示した者はその情報に基づく収益機会やビジネス上の優位性を失いかねない。そこで情報を受領する者に、受領した情報を第三者に開示しないことを約束させるために秘密保持契約を締結する。

▶秘密保持契約を締結したにもかかわらず情報受領者が秘密情報を漏えいした場合、債務不履行となり情報開示者は、損害賠償請求や差止請求などができることになる。しかし、収益機会を失ったことでどれほどの損害があったのかを算定するのは困難なことが多く、また、差止請求をしてもいったん流出した秘密情報の秘密性が回復できるわけでもない。この点からは秘密保持契約が事後的に機能することを期待するのは難しいことが多い。

▶相手方が主体的に契約を遵守するか、すなわち、情報開示の相手方が信頼に値するかという契約締結の原点に立ち返って秘密保持契約を結ぶ必要がある。

KEYWORDS

【秘密保持契約】

「守秘義務契約」とも呼ばれ、情報受領者が受領した情報の秘密を保持する旨が規定される。守秘義務条項は守秘義務契約の中心をなす条項となるが、目的外使用の禁止も併せて定められるのが一般的である。

関連法令等

民法

秘密保持については、民法や商法に直接の規定はない。民法の観点からは「無名契約（非典型契約）」として締結され、秘密漏えいが生じた際には債務不履行あるいは不法行為に関する一般原則で解決することになる。

不正競争防止法

守秘義務違反に対して民法上の救済を求めるには一般原則による必要があるが実務的には限界がある。不正競争防止法は営業秘密に対する保護を法定することでこれを強化している。ところで、不正競争防止法上、営業秘密というには秘密管理性、有用性、非公知性という３つの要件を満たさなければならない（２条６項）。守秘義務契約を結ぶことで秘密として管理していたとの主張（秘密管理措置）が行いやすくなる。

不正競争防止法上の営業秘密とされると、差止請求権（３条）、損害賠償請求権（４条）、損害額･不正使用の推定等（５条等）、書類提出命令（７条）、営業秘密の民事訴訟上の保護（10条等）（秘密保持命令、訴訟記録の閲覧制限、非公開審理）、信用回復の措置（14条）といった保護を受けることができる。また、営業秘密侵害罪に係る刑事訴訟手続の特例も規定されているので、秘密の漏えいに一定の抑止力が働くと考えられる。

契約書条文解説

頭書部分

サンプル

秘密保持契約書

株式会社◇◇◇◇と株式会社△△△△は、両社が協力して推進を計画している○○○○に関するビジネス案件（以下、「本案件」という）を検討するにあたり、一方の当事者（以下、「情報開示者」という）が他方の当事者（以下、「情報受領者」という）に開示した情報の取扱いについて、20XX年4月1日（以下、「契約締結日」という）付にて以下のとおり秘密保持契約（以下、「本契約」という）を締結する。

● 頭書部分バリエーション：簡便な差し入れ形式

使い方　サンプル頭書部分を次のものに変更し、契約の条項で、「情報開示者」とあるものをすべて「貴社」、「情報受領者」を「当社」と置き換える（情報の開示が一方の当事者のみから行われる場合、情報を受領する側が差し入れる形式で秘密保持契約が結ばれることがある）

バリエーション

守秘義務に関する確約書

令和○年12月26日

東京都千代田区大手町○丁目○番○号

ＸＹＺ株式会社御中

住所

会社名

役職名　　　　　　　　印

当社は、貴社が推進を計画している○○○○に関するビジネス案件への投資（以下、「本案件」という）を検討するにあたり、貴社から開示を受ける情報の取扱い等について次のとおり確約する。

このバリエーションでは、ビジネス案件への投資を潜在的な投資者に検討してもらうために一方の当事者が専ら情報を開示するということを想定している。ここでは「確約書」というタイトルで情報を受領する者が差し入れる形式をとっているが、このような場合も秘密保持契約を締結したことになる。

サンプル

第１条　（秘密情報）

本契約において「秘密情報」とは、いかなる形態であるか、あるいはいかなる手段（書面、口頭、磁気的もしくは電子的形態によるもの、または電気通信もしくはコンピュータ処理によるものを含む）によって授受されるかを問わず、本案件に関して情報開示者が情報受領者に対して開示する一切の情報、資料等、および本案件に関し両社が接触している事実のことをいうものとする。

秘密情報を定義する際、幅広く定義するのであれば、「○○に関して提供される、書面、口頭を問わない一切の情報」といった包括的な定義が用いられる。限定的に定義したいのであれば、「○○に関して」という部分を具体的な内容にする。書面であれば「秘密」といった表示をする、口頭であれば開示した情報を後に書面に要約した上で秘密情報の対象である旨通知する、といった手続を要求することもある。

重要な案件の場合、守秘義務契約を締結した事実や案件について交渉している事実も秘密情報の内容とされることがある。

サンプル

第２条　（秘密情報の例外）

前条にかかわらず、以下の各号のいずれかに該当する情報は、秘密情報に含まれないものとする。

（1）　情報開示者から開示された時点ですでに情報受領者が自ら保有していた情報
（2）　公知の情報、情報受領者の責によらず公知となった情報
（3）　守秘義務を負わない第三者から受領した情報

何が秘密情報になるかは情報受領者の義務の範囲に関わり重要である。①情報受領者がもともと保有していた情報、②公知である情報または公知となった情報、③守秘義務を負わない第三者から入手した情報は秘密情報の範囲から除外されるのが一般的である。これらのほか、情報受領者が独自に考え出した情報を秘密情報から除外すると定めることも多い。

サンプル

第3条　（守秘義務）
情報受領者は、秘密情報について、その機密を保ち第三者に漏えいしないよう管理し、情報開示者の書面による事前の承諾なしには第三者に開示、漏えいまたは公開しないものとする。

守秘義務条項は守秘義務契約の中心をなす条項である。情報受領者が受領した情報の秘密を保持する旨が規定される。

実務アドバイス

継続的に情報が受け渡される場合、守秘義務の期間をどのように定めるかといった問題が出てくる。この点、秘密保持契約の有効期間との関連も検討する必要がある（第9条を参照）。

サンプル

第4条　（開示対象者）
1　情報受領者は、前条の規定にかかわらず、本案件の検討に関与する必要があり実際に関与する情報受領者の役員および従業員（以下、「関

係者」という）に対して、情報開示者の承諾を得ずに秘密情報を開示することができるものとする。なおこの場合、情報受領者は関係者に対して開示される情報は本契約による守秘義務の対象となっている旨を通知するとともに、関係者に本契約に基づく情報受領者の負担する守秘義務と同様の守秘義務を課すものとする。

2　前項に加え、情報受領者は、適用法令、規則、裁判所の決定・命令、行政庁の命令・指示等に基づき要請された場合には、これに従い情報を開示することができるものとする。この場合、情報受領者は、適用法令等に鑑み可能な範囲で、情報開示者に対しかかる開示について遅滞なく連絡するものとする。

情報受領者が法人の場合、その役員や従業員が情報を受け取ることになる。また親会社に稟議を行ったり、弁護士や会計士に案件に関する助言を求めたりすることもある。そこで情報受領者がこれらの関係者に守秘義務を課すとともに、これらの関係者についても責任を負う旨規定することが多い。そのようにすることで情報受領者の関係者も守秘義務契約の対象とし、情報に接することができるようにする。

また、強行法規や裁判所の決定・命令などに応じて情報を開示する必要に迫られることがあるが、このように法令等により開示が要求される場合は守秘義務違反とならないとするのが一般的である。また、これらを秘密情報の例外であると定義することで形式的に秘密情報の対象から除外し守秘義務違反とならないようにすることもある。

サンプル

第５条　（目的外使用の禁止）

情報受領者は、情報開示者の書面による事前の承諾を得た場合を除き、秘密情報については本案件の検討にのみ用い、他の目的のためには一切使用しないものとする。

たとえ情報受領者が秘密情報の秘密を保持したとしても、入手した情報を自らの収益機会の追求といった目的などに不正利用すると情報開示者の利益は保護されなくなる。そこで秘密保持契約において、守秘義務条項に加え情報受領者が案件の検討といった目的以外に秘密情報を使用してはならないことを規定するのが通例である。

サンプル

第6条　（秘密情報の正確性、完全性）

情報開示者は、情報受領者に対して秘密情報の正確性や完全性について明示黙示を問わず何ら保証するものではないものとする。また、情報開示者、情報開示者の取締役および従業員、情報開示者の関係会社および情報開示者の関係会社の取締役および従業員は、情報受領者が当該秘密情報の使用により被ることのある一切の損害について責任を負わないものとする。

情報開示者が秘密情報の正確性や完全性について責任を負わないことを確認的に明記することもある。

交渉ポイント

情報を開示する側は、開示する情報の中に第三者から受領した情報や事実に関する内容など、自らが創出した情報でないものが含まれる場合にこの条項が必要か否か検討する。

サンプル

第7条　（秘密情報の返還および破棄）

情報受領者は、情報開示者の請求があったときは、秘密情報（原本のほか、その複写物および複製物を含む）のうち文書、データベースおよび物品に関して返還可能なものについてはその一切を直ちに情報開示者に返還し、その他の秘密情報（原本のほか、その複写物および複製物を含む）については直ちに破棄するものとする。

秘密保持契約では契約期間終了後の情報の返還を規定することが多い。また受領した情報はパソコンやサーバーに保存されていることが通常であるが、これらについては物理的に返還するという概念はなじまないので、「破棄しなければならない」といった文言を加えるのが一般的である。

サンプル

第8条　（損害賠償）
情報受領者は、本契約に違反したときは、これにより情報開示者に生じた一切の損害について賠償の責任を負うとともに、秘密情報の保護に関し情報開示者の指示に従うものとする。

秘密保持契約では、情報漏えいの拡大を防ぐ必要もあるため、秘密情報の保護について情報開示者の指示に従うことを規定することが多い。

サンプル

第9条　（本契約の有効期間）
本契約の有効期間は、契約締結日より３年間とする。

秘密保持契約の有効期間の定め方は秘密情報の受渡しの態様によってさまざまである。一回限りの情報の授受の場合、ここに示したように端的に一定の期間（例えば「○年間」）で定めることとなる。ところが何年かにわたり継続的に情報が授受される場合に一定の期間とすると、その期間の末期に授受された情報の秘密は有効期間のわずかな残存期間しか保護されないとも考えられる。このような場合は、秘密保持契約自体の有効期間と開示された情報の秘密保持の期間を区別して考え、秘密保持契約の有効期間を定めながら（例えば３年間）、その間に受け渡された秘密情報については一定の期間（例えば１年間）は秘密保持契約の内容に従い秘密を保持するといった内容とする（この例だと契約締結の時から最長4年間は守秘義務に服する可能性がある）。

交渉ポイント

　情報を開示する側から守秘義務の期間を無期限とするよう要求されることがある。情報を受領する側としては、理論的には無期限の情報の管理体制を構築する必要が生じ、実務的ではない。情報を受領する側からは、例えば、案件を検討するのに必要なものに限定して情報を開示するように情報を開示する側に要請し、守秘義務の期間を合理的に限定するよう求めることも考えられる。

● 第9条バリエーション（守秘義務契約の有効期間）

使い方　秘密情報が一定期間継続的に開示される場合、サンプル第3条および第9条を以下のとおり変更する

バリエーション

第3条　（守秘義務）
情報受領者は秘密情報について、これが開示された時より1年間、その機密を保ち第三者に漏えいしないよう管理し、情報開示者の書面による事前の承諾なしには第三者に開示､漏えいまたは公開しないものとする。

第9条　（本契約の有効期間）
本契約の有効期間は、契約締結日より3年間とする。なお、本契約に基づき開示された情報については、本契約は有効期間満了後も存続するものとする。

サンプル

第10条　（準拠法・裁判管轄）

本契約について紛争が生じた場合には、日本法を準拠法とし、東京地方裁判所を非専属管轄裁判所とするものとする。

以上

第3章　業務委託契約書

POINTS

▶業務委託契約書は、さまざまなビジネスの場面で使われる、汎用性が高い契約書の1つである。それゆえ、一口に業務委託といっても、単純な作業委託から、システム開発、さらには産業廃棄物の処分など含めてさまざまな業務委託契約がある。ここではある業務についてスポットで委託するという一般的な項目と内容にしている。

▶業務委託契約では、仕事の成果を求める請負型か、善管注意義務で業務を遂行する準委任型かが契約の条件を決める重要なメルクマールとなる。

▶業務委託契約は、さまざまな規制を受けることに留意すべきである。まずは、下請代金支払遅延等防止法（以下、「下請法」という）に基づく規制である。元請が大手企業であり、下請が中小企業である関係での業務委託では、下請法の制約を受ける。次に、個人に対して業務を委託する場合、偽装請負など労務上の問題を生じやすいことから、なぜ雇用契約や派遣契約を締結せず業務委託契約とするのかについて明確な理由などを整理しておくべきであろう。

▶業務委託が請負型なのか、準委任型なのかによって印紙税の要・不要が判断される。

KEYWORDS

【請負型か準委任型か】

業務委託の形態が請負型なのか準委任型なのかは極めて重要である。請負型か準委任型かは、委受託の対象である業務について委託側は受託側に何を期待しているのかによる。業務の成果（結果）について期待するのであれば、業務委託契約は限りなく「請負型」になるし、一定の業務を遂行することだけに着目すれば、それは限りなく「準委任型」になる。

例えば、あるカタログの制作を委託し、その完成されたカタログの検収でもって支払が発生すれば、それは請負型である。他方、ある業界情報を毎月まとめて報告するなど、ある一定の業務を遂行することのみを求めるものであれば、それは準委任型になる。それゆえ、委託側・受託側の双方がきちんと業務委託の内容、成果（結果）を整理することがカギになる。

（注）　なお、2020年４月に施行された民法改正により、委任契約について「成果報酬型」の「委任契約」が新設された（民法648条の２）。ここでは委託者と受託者との間で「委任事務の履行により得られる成果に対して報酬を支払うことを約した場合」に、その報酬は、成果の引渡しと同時に、委託者が受託者に支払わなければならないとされる。一見、請負型と似ているが、成果報酬型委任の場合、単に成果に対して支払をすることが合意されたことのみに着目している。例えば、受託者の成果に瑕疵があるなど契約不適合責任については、委任契約であるので、履行上の善管注意義務にとどまっていることに留意すべきである。

本章では、上記「成果型報酬」の委任契約を加えることは議論を複雑にさせることからそれを捨象し、単純化するために「請負型」と「準委任型」という２つに分けている。

【下請法の適用】

業務委託契約の場合、大手企業と中小企業との間では常に下請法の適用について留意すべきである。委託側は下請法の親事業者なのか、受託側は下請事業者になるのか、その要件を確認すべきである。下請法では、さまざまな委託について場合分けを行っている。今回の委託業務がどのカテゴリーに入るかをまず確認することが求められる。下請法の適用となれば、親事業者が下請事業者に負う義務、あるいは11項目にわたる親事業者の禁止行為があるので、確認すべきであろう。

下請法の対象となる取引は事業者の資本金規模と取引の内容で定義

（1）　物品の製造・修理委託及び政令で定める情報成果物・役務提供委託を行う場合

親事業者		下請事業者
資本金3億円超	→	資本金3億円以下（個人を含む）
資本金1千万円超3億円以下	→	資本金1千万円以下（個人を含む）

（2）　情報成果物作成・役務提供委託を行う場合（（1）の情報成果物・役務提供委託を除く。）

親事業者		下請事業者
資本金5千万円超	→	資本金5千万円以下（個人を含む）
資本金1千万円超5千万円以下	→	資本金1千万円以下（個人を含む）

（出典：公正取引委員会ホームページ「下請法の概要」下線部は筆者強調）

関連法令等

【民法】

第9節　請負

（請負）

第632条　請負は、当事者の一方がある仕事を完成することを約し、相手方がその仕事の結果に対してその報酬を支払うことを約することによって、その効力を生ずる。

第10節　委任

（委任）

第643条　委任は、当事者の一方が法律行為をすることを相手方に委託し、相手方がこれを承諾することによって、その効力を生ずる。

（受任者の注意義務）
第644条　受任者は、委任の本旨に従い、善良な管理者の注意をもって、委任事務を処理する義務を負う。

（準委任）
第656条　この節の規定は、法律行為でない事務の委託について準用する。

【労働者派遣事業の適正な運営の確保及び派遣労働者の保護等に関する法律（労働者派遣法）】
（用語の意義）
第２条　この法律において、次の各号に掲げる用語の意義は、当該各号に定めるところによる。
一　労働者派遣　自己の雇用する労働者を、当該雇用関係の下に、かつ、他人の指揮命令を受けて、当該他人のために労働に従事させることをいい、当該他人に対し当該労働者を当該他人に雇用させることを約してするものを含まないものとする。
二　（以下略）

（下線部は筆者強調）

委託契約と印紙との関係

委託契約での印紙については、請負なのか、委任（準委任）なのか、また継続的な委託関係か否かにより印紙の態様が変わることに留意すべきである。

例えば、業務委託契約といいながら、実質的に業務の成果を求める場合は、請負と判断され印紙税の対象文書となる。また、準委任であってもその契約が３カ月以上続く継続的なものであれば、継続的な取引と判断され、印紙税の対象文書となる。「委託」は「非課税文書」と単純に考えず、その委託内容と契約期間など印紙税の対象文書であるかどうかを判断すべきである。

2号文書	**請負に関する契約書** （注）請負には、職業野球の選手、映画（演劇）の俳優（監督・演出家・プロデューサー）、プロボクサー、プロレスラー音楽家、舞踊家、テレビジョン放送の演技者（演出家、プロデューサー）が、その者としての役務の提供を約することを内容とする契約を含みます。 （例）工事請負契約書、工事注文請書、物品加工注文請書、広告契約書、映画俳優専属契約書、請負金額変更契約書など	記載された契約金額が 100万円以下のもの　200円 100万円を超え200万円以下のもの　400円 200万円を超え300万円以下　〃　1千円 300万円を超え500万円以下　〃　2千円 500万円を超え1千万円以下　〃　1万円 1千万円を超え5千万円以下　〃　2万円 5千万円を超え1億円以下　〃　6万円 1億円を超え5億円以下　〃　10万円 5億円を超え10億円以下　〃　20万円 10億円を超え50億円以下　〃　40万円 50億円を超えるもの　60万円 契約金額の記載のないもの　200円	記載された契約**金額が1万円未満**（※）のもの ※第2号文書と第3号から第17号文書とに該当する文書で第2号文書に所属が決定されるものは、記載された契約金額が1万円未満であっても非課税文書となりません。
	上記の「請負に関する契約書」のうち、建設業法第2条第1項に規定する建設工事の請負に係る契約に基づき作成されるもので、平成9年4月1日から令和6年3月31日までの間に作成されるものについては、契約書の作成年月日及び記載された契約金額に応じ、印紙税額が軽減されています。平成26年4月1日から令和6年3月31日までの間に作成されるものについては、右欄のとおりです。 **（注）契約金額の記載のないものの印紙税額は、本則通り200円となります。**	**【平成26年4月1日～令和6年3月31日】** 記載された契約金額が 200万円以下のもの　200円 200万円を超え300万円以下のもの　500円 300万円を超え500万円以下　〃　1千円 500万円を超え1千万円以下　〃　5千円 1千万円を超え5千万円以下　〃　1万円 5千万円を超え1億円以下　〃　3万円 1億円を超え5億円以下　〃　6万円 5億円を超え10億円以下　〃　16万円 10億円を超え50億円以下　〃　32万円 50億円を超えるもの　48万円	
7号文書	**継続的取引の基本となる契約書** （注）契約期間が3か月以内で、かつ、更新の定めのないものは除きます。 （例）売買取引基本契約書、特約店契約書、代理店契約書、業務委託契約書、銀行取引約定書など	4千円	

（出典：国税庁ホームページ「印紙税の手引」https://www.nta.go.jp/publication/pamph/inshi/tebiki/pdf/00.pdf をもとに一部筆者加筆）

契約書条文解説

頭書部分

サンプル

> 業務委託契約書
>
> ○○（以下、「甲」という）と△△（以下、「乙」という）とは、甲の【　　】業務を甲が乙に委託することについて、次のとおり業務委託契約を締結する。

冒頭で業務について【　　】内に委託する業務の概要を記載する。記載内容について概要が多岐にわたる場合などは別に記載することとなる。

● 頭書部分バリエーション（変更条件）：別途委託内容を定める条項

使い方 サンプル頭書部分を以下のとおり変更する

バリエーション

> 業務委託契約書
>
> ○○（以下、「甲」という）と△△（以下、「乙」という）とは、本契約において別に定める業務を甲が乙に委託するにあたり、次のとおり業務委託契約を締結する。

サンプル

> 第１条　（本契約の目的）
>
> 甲は、次に掲げる【　　】の業務（以下、「本業務」という）を乙に委託し、乙はこれを受託する。

一　○○○

二　○○○

冒頭で業務について【　　】には委託する業務の概要を、一や二には、その業務の具体的な内容を記載する。記載内容について概要が多岐にわたる場合などは別に記載することとなる。委託する業務の範囲を具体的に、かつ明確に記載することが重要である。

● 第１条バリエーション（変更条件）：別途委託内容を定める条項

使い方 サンプル第１条を以下のとおり変更する

バリエーション

第１条　（本契約の目的）

甲は、乙に対して、本業務を委託し、乙はこれを受託する。本業務の詳細は、甲乙間で別途合意の上定める作業書等の資料（以下、併せて「本作業書」という）にて定めるものとする。

実務アドバイス

業務内容を具体的かつ明確に記載する。業務内容が多岐にわたる場合などは、別紙で業務委託の内容を詳細に決めておくべきである。

サンプル

第２条　（本契約における義務および責任等）

1　甲および乙は、本契約に基づく義務の履行について、信義を旨とし、誠実に行わなければならない。

2　本契約に定めのない事項または本契約について疑義を生じた事項については、甲および乙は、誠意をもって協議するものとする。

委託業務の遂行にあたっては、信義誠実の原則を記載する。なお、ここでは受託側はどのような義務を負って遂行するか、つまり、善管注意義務で業務遂行する準委任型なのか、あるいは業務遂行に基づいて成果をきちんとだす請負型なのかで、義務が変わることに留意されたい。準委任型では、受託側は委託された業務については善管注意義務を負って遂行すればよく、その結果については責任を負わないこととされる。他方、請負型では、受託側は一定の成果が求められることから、成果がでなければ受託側は責任を負う。遂行条項は、契約がどのような性格を有するのかを決める重要な条項である。

● 第２条バリエーション１（追加条件）：準委任型であることを明確に定める条項

使い方 サンプル第２条に以下の文言を追加する

バリエーション

３　本業務は、本作業書に基づき、乙が有する業界の一般的な専門知識およびノウハウに基づき、善良な管理者の注意をもって業務を行う準委任型のサービスとする。

● 第２条バリエーション２（追加条件）：請負型であることを明確に定める条項

使い方 サンプル第２条に以下の文言を追加する

バリエーション

３　乙は、本作業書に基づき本業務を遂行し、本契約または本作業書に定める納期までに本業務を完了し、本契約または本作業書に定める成果物を甲に納入するものとする。

さらに、委託側と受託側でいわゆる「労働者派遣」のような形態ではないことを確認するための規定を設けることがある。ただし、その規定によって法律の適用を免れるものではない。委託側と受託側で、業務委託における業務の指揮命令系統など確認し、いわゆる「偽装請負」となるリスクは避けるべきである。

● **第2条バリエーション3（追加条件）：委託業務について労働者派遣事業の適正な運営の確保及び派遣労働者の保護等に関する法律（以下、「労働者派遣法」という）の適用とはならないことを確認する**

使い方 サンプル第2条に以下の文言を追加する

バリエーション

> 3　甲および乙は、本業務の委託に関し、甲および乙の間に「労働者派遣事業の適正な運営の確保及び派遣労働者の保護等に関する法律」に規定する派遣元事業主と派遣先とのいかなる関係も存在しないことを合意し、確認するものとする。

実務アドバイス

準委任型か請負型かは委託業務および受託側が負う義務の重要な条件である。また、個人（あるいは一人会社のようなもの）と業務委託契約を締結するにあたっては、当該業務や指揮命令系統などについて労働者派遣法への抵触がないことを確認する必要がある。

サンプル

> 第3条　（再委託の禁止）
> 乙は、本業務を第三者に再委託してはならない。

委託された業務について一切の第三者への再委託を禁止している。なお、委託業務に関して再委託を認める場合もあり、その場合には事前の承諾や委託者と同様の義務を負わせるといった手当が必要であろう。

●第３条バリエーション１（変更条件）：再委託については、受託者は委託者から事前承諾を得る、委託しても義務を免れないなどの縛りをつける

使い方 サンプル第３条を以下のとおり変更する

バリエーション

> 第３条　（再委託）
> 乙は、本業務の全部または一部を第三者に再委託するときは、事前に甲の書面による承諾を得るものとし、再委託により乙は本契約上の甲に対する義務を免れることはなく、かつ本業務について再委託先と連帯して責任を負うものとする。

なお、再委託についていちいち事前承諾を得るまでもない場合には次の条項を追加すべきである。

●第３条バリエーション２（追加条件）：再委託先を事前に了解している条項

使い方 サンプル第３条に以下の文言を追加する

バリエーション

> ２　前項にかかわらず、乙は別紙に記載の業者に対して委託することができる。

実務アドバイス

第三者への再委託については、委託側としては委託業務の品質確保の観点から再委託は望ましくないと考える。他方、受託側とすれば業務委託ができることで受託側の業務平準化を図れるメリットがある。事前に再委託が決まっていれば、その旨を記載すべきである。また、委託側も再委託の条件として別途事前承諾として、再委託先の品質や業績等を調査し、判断すべきと考える。

サンプル

第4条　（支払）
1　本業務に基づく委託料は、金【　　】円（①別途消費税等／②消費税等含む〈①または②を選択〉）とする。
2　甲は、乙からの請求書受領日の翌月末日までに、乙の指定する銀行口座に振り込むことにより支払うものとする。

ここでの支払条件は、単発での準委任を想定している。継続して業務委託する場合などでは契約金額全体は決まらず、別途個別の業務委託の諸条件で支払額が決まることもある。また、請負のように成果に基づいて支払うものもある。

● 第4条バリエーション（変更条件）：仕事の成果を確認して支払う条項

使い方　サンプル第4条第2項を以下のとおり変更する

バリエーション

2　甲の検収後、乙からの請求書受領日の翌月末日までに、乙の指定する銀行口座に振り込むことにより支払うものとする。

実務アドバイス

支払は、業務遂行の質、あるいは成果を担保させる重要な要素である。とりわけ業務の成果を求めるような委託（請負）においては、支払と成果（あるいは補償）を結び付けることが必要である。請負型ならば、委託側の検収と支払を必ず結び付けることである。なお、下請法が適用される場合には、委託側は「検収後」ではなく「納品物の受領日から」60日以内に支払う必要があることに留意すべきである。

サンプル

第５条　（乙の本業務報告義務）

１　乙は、甲に対して甲乙間で合意した期日ごとに本業務につき報告するものとし、乙は甲から請求があった場合には、遅滞なく本件業務の進捗状況等の内容について甲に報告するものとする。

２　乙は、本業務の期間満了時に、本業務の作業完了報告書を作成し、甲に提出する。

３　甲は、当該作業完了報告書受領後、○日以内に当該作業完了報告書の点検を行うものとし、その旨を書面にて乙に通知の上、本業務の終了を確認するものとする。

４　前項に定める点検期間内に、甲が書面で具体的な理由を明示して異議を述べない場合には、甲は当該点検期間の満了をもって、本件業務の終了を確認したものとみなされる。

前記条件は、業務委託遂行時、および業務委託完了時における業務内容確認の手順を示したものである。あくまで、ここでは準委任を想定しており、善管注意義務を果たした受託者の報告書について確認するだけである。よって、契約不適合責任は想定していない。委託側として、仕事に対して一定の成果を求め、それについて不適合がある場合について補償を求めるなど請負を念頭に置いて言及したい場合には、次のような条件を設定すべきであろう。

● 第５条バリエーション１（変更条件）：業務報告条項

使い方　サンプル第５条を以下のとおり変更する

バリエーション

第５条　（乙の成果物納入義務）

１　乙は、甲に対して、甲乙別途合意して定める期日までに、本業務遂行による成果（以下、「成果物」という）を納入するものとする。

２　甲は、前項により成果物を受領したときは、甲乙別途合意して定める期間にて甲の指定する方法により検査を行う。
3　前項の検査に合格した場合、甲は乙に対して、遅滞なくその旨を書面にて通知するものとし、当該通知の発信をもって検収とする。また、前項の検査が不合格の場合、甲は乙に対してその旨を通知するものとし、乙は甲の指定する期日までに無償にて修正するものとする。

☞ 実務アドバイス

請負型の業務委託の場合、前記条項は必須であり、確実に条件として盛り込むことである。

● 第5条バリエーション2（変更条件）：契約不適合責任条項

使い方　バリエーション第5条の次に下記条項を追加する

バリエーション

第5条の2（契約不適合）
1　成果物が種類、品質または数量に関して本契約の内容に適合しないことが判明し、かつそれが前条に定める受入検査で容易に発見できないものであった場合、乙は、甲の選択により、甲が指定する期間内に無償で成果物の修補もしくは交換、または代金の減額のうち1つまたは複数を行うものとする。
2　前項の規定は、甲の乙に対する損害賠償の請求および解除権の行使を妨げない。
3　甲は、第1項に定める不適合を発見したときは、検収後○年以内にその旨を乙に通知するものとする。ただし、成果物に当該期間を越える保証期間が定められている場合は、当該保証期間内において乙は第1項に定める責任を負うものとする。
4　前項にかかわらず、前項に定める期間経過後も、成果物に乙の故意または重過失に起因する不適合が発見された場合は、乙は第1項に定める責任を負うものとする。

☞ 実務アドバイス

業務内容について、請負型と準委任型においては差があることを認識し、委託者はその委託する業務の成果を求めるのか、求めないのかを決めなければならない。上記契約不適合責任は請負型の業務委託において重要な要素である。下請法において、通常の検査で契約不適合が直ちに発見できない下請事業者からの成果物について、受領後１年を経過した場合、契約不適合を理由とした変更またはやり直しを要請することは同法違反となることに留意する。請負の性格を有する場合は必ず明記することが肝要である。

この契約不適合責任について問題になるのは、システム開発のような委託業務の場合である。システム開発は、一定の開発業務を遂行するという点での準委任の要素と、そのシステムの動作（稼働しない）の結果責任という点での請負の要素との双方がある。システム開発にあたって、委託者と受託者との間で、システム設計業務を遂行するだけなのか、そのシステムの稼働（成果）を保証させるのか、で相違が発生することから注意を要する。

サンプル

第６条　（秘密保持）

1　本契約における秘密情報とは、本業務に関連した技術・営業等に関する一切の情報のうち、甲および乙が相手方から秘密である旨を明示して開示されたものをいう。ただし、次の各号の一に該当するものは、この限りでない。

（1）　開示を受ける前から自己においてすでに所有していた情報

（2）　正当な権限を有する第三者から入手した情報

（3）　開示を受ける前からすでに公知となっていた情報、または開示を

受けた後に自己の責任によらず公知となった情報
（4）　開示された後、その秘密情報によらず自らの開発により知得した情報
2　甲および乙から相手方への秘密情報の開示は、原則として書面・図面・記録媒体等の有形物により行う。それ以外の方法によって秘密情報を開示する場合は、別途書面により当該情報の内容を特定しなければならないものとする。
3　甲および乙は、事前に相手方の書面による承諾を得ることなく、本契約の内容および秘密情報を第三者に開示してはならない。ただし、法令の定めに基づく場合または権限ある官公署から開示の要求があった場合はこの限りでない。
4　本契約に基づく秘密保持期間は、その情報を開示した日から○年間とする。

秘密保持条項は、通常よくみられる条項である。

サンプル

第7条　（契約解除）
1　甲または乙は、相手方に次の各号の一に該当する事由が生じた場合は、何らの催告を要せず直ちに本契約の全部または一部を解除することができる。
（1）　重大な過失または背信行為があった場合
（2）　支払の停止があった場合
（3）　仮差押え・差押え・競売・破産・民事再生・会社更生・特別清算の申立てがあった場合
（4）　手形交換所の取引停止処分を受けた場合
（5）　租税公課の滞納処分を受けた場合
（6）　その他前各号に準ずる本契約を継続しがたい重大な事由が発生し

た場合

2　甲または乙は、相手方に本契約上の義務の不履行があり、相当期間を定めて催告したにもかかわらず是正されない場合は、本契約の全部または一部を解除することができる。

3　甲または乙は、第1項各号の一に該当した場合、あるいは本契約上の義務を履行しなかった場合は、相手方に対して負担する一切の金銭債務について当然に期限の利益を喪失し、直ちに全額を弁済しなければならないものとする。

契約解除条項も一般的な内容としている。契約違反時の期限の利益喪失条項を付している。

サンプル

第8条　（損害賠償）

甲および乙は、本契約に違反したことにより相手方に損害を生じさせたときは、当該損害（合理的な弁護士費用を含む）の賠償の責を負うものとする。

相互に契約違反時における損害賠償義務を負わせている。

サンプル

第9条　（反社会的勢力の排除）

1　甲および乙は、相手方に対して、以下の各号に現在および将来において該当しないことを表明し、確約する。

（1）　暴力団、暴力団員、暴力団員でなくなった時から5年を経過しない者、暴力団準構成員、暴力団関係企業、総会屋、社会運動標ぼうゴロ、政治運動標ぼうゴロ、特殊知能暴力集団その他これらに準ずる者（以下、併せて「反社会的勢力」という）であること

（2）　反社会的勢力が経営を支配していると認められる関係を有すること

（3）　反社会的勢力が経営に実質的に関与していると認められる関係を有すること

（4）　自己もしくは第三者の不正の利益を図る目的または第三者に損害を加える目的をもってするなど、不当に反社会的勢力を利用したと認められる関係を有すること

（5）　反社会的勢力に対して資金等を提供し、または便宜を供与するなどの関与をしていると認められる関係を有すること

（6）　反社会的勢力と社会的に非難されるべき関係を有すること

2　甲および乙は、相手方に対して、自らが、または第三者を利用して次の各号に該当する行為を行わないことを表明し、確約する。

（1）　暴力的な要求行為

（2）　法的な責任を超えた不当な要求行為

（3）　取引に関して、脅迫的な言動をし、または暴力を用いる行為

（4）　風説を流布し、偽計または威力を用いて相手先の信用を毀損し、または相手先の業務を妨害する行為

（5）　その他前各号に準ずる行為

3　甲および乙は、本契約の全部または一部を第三者に委託する場合、再委託先（当該再委託が数次にわたる場合はすべての再委託先。ただし、法令の求める合理的な範囲に限る。以下同じ）に対し、本条の定めを履行させる義務を負う。

4　甲および乙は、第1項または第2項に違反する事実が判明した場合、直ちに相手先へ通知する。

5　甲および乙は、相手方が前各項に違反した場合、通知または催告等何らの手続を要しないで直ちに本契約を解除することができるものとする。

6　甲および乙は、前項に基づき、本契約を解除した場合、当該解除に

起因し相手方に損害が生じてもその賠償責任を負わないものとする。

反社会的勢力との関係の排除を目的とした条項で一般的なものである。

サンプル

第10条　（不可抗力）
1　天災地変、戦争、内乱、暴動、テロ、大規模火災、感染症、疫病、伝染病、ストライキ、ロックアウト、法令の制定・改廃、その他の当事者の合理的支配を超えた偶発的事象（以下、「不可抗力」という）による本契約の全部または一部の履行遅滞または履行不能については、甲および乙は責任を負わない。
2　甲および乙は、不可抗力による影響が軽減されるよう合理的なあらゆる努力を尽くさなければならない。

履行遅延、履行不能の責任を問わない（しかし、軽減努力は残る）不可抗力条項である。

サンプル

第11条以降　一般条項
［省略］

以上、本契約締結の証として本書2通を作成し、各々その1通を保有する。

第4章　販売特約店契約書

POINTS

▶販売特約店契約は、代理店契約の一形態であるが、契約書のタイトルにかかわらず、特約店形態（自己が仕入し、顧客に転売）と、エージェント形態（メーカーや輸入総代理店等が販売促進活動を行い、エージェントフィーあるいはコミッションが支払われる）に分けられる。特約店形態かエージェント形態かどちらかであるかを契約条件で確認することが必要である（本章では特約店形態を解説する）。なお、代理店と称される場合でも、特約店、エージェント、さらに保険代理店のように契約締結代理権限がある代理人である場合があるので、契約条件の詳細な確認により代理店の性格を判断することが必要である。

▶特約店形態では、販売による損益やリスクを特約店が負担する。一方、エージェント形態は、メーカーや輸入総代理店といった本人が負担する。

▶特約店形態では、顧客に対する価格を特約店が決定し、メーカーや輸入総代理店といった本人からの仕入額と顧客への販売額の値差が特約店の利益となる。本人が価格決定に関与することは、私的独占の禁止及び公正取引の確保に関する法律（以下、「独占禁止法」という）違反になる（再販売価格維持の禁止）。一方、エージェント形態においては、本人が顧客への販売価格を決定し、エージェントは本人からエージェントフィーを受け取る。

▶海外メーカー等とインポーター（輸入業者）との原契約が解除された場合、商品の輸入が途絶えることになるため、インポーターと特約店との契約が終了するリスクがある。

KEYWORDS

【最恵（国）待遇条項】

メーカー等が特定の特約店に対する価格について、他に販売する価格より有利であってはならないとする条項。価格カルテル実行確保手段として利用すると独占禁止法違反の可能性がある。

関連法令等

目的物検査の通知期限　民法566条および商法526条

民法は、目的物検査の通知期限について、「売主が種類又は品質に関して契約の内容に適合しない目的物を買主に引き渡した場合において、買主がその不適合を知った時から１年以内にその旨を売主に通知しないときは、買主は、その不適合を理由として、履行の追完の請求、代金の減額の請求、損害賠償の請求及び契約の解除をすることができない」と定める。これに対して商法は、買主に対して遅滞なく検査をする義務を定めるとともに、不適合を、直ちに発見できない場合は６カ月以内に通知をしなければ「履行の追完の請求、代金の減額の請求、損害賠償の請求及び契約の解除をすることができない」と定める。

流通・取引慣行に関する独占禁止法上の指針

公正取引委員会が独占禁止法上問題となる主要な行為類型についてその考え方を示したものである。第１部は、部品メーカーと完成品メーカー、メーカーと卸売業者や小売業者といった、事業者間の取引における取引先事業者（直接または間接の取引事業者間）の事業活動に対する制限に関して、第２部は、事業者による取引先の選択に関して、第３部は、国内市場全域を対象とする総代理店に関して独占禁止法上の指針を示す。

契約書条文解説

頭書部分

サンプル

販売特約店契約書

株式会社インポーター（以下、「インポーター」という）と株式会社販売特約店（以下、「特約店」という）は、インポーターがX国法人Exporter Ltd.（以下、「Exporter社」という）と締結したExclusive Distributor Agreement（以下、「総輸入特約店契約」という）に基づき、日本国内（以下、「契約地域」という）で販売することを独占的に許諾されたExporterブランドのY製品（以下、「本製品」という）について、2023年4月1日（以下、「契約締結日」という）付にて以下のとおり販売特約店契約を締結する。

特約店は、契約地域内で正規店として契約製品を顧客に販売することができ、輸入業者であるインポーターから海外メーカーの製品保証や部品の供給などアフターサービスサポートを受けることができる。特約店契約には独占と非独占の条件があるが、本サンプル契約では最低購入金額保証付非独占的販売条件である。独占的契約では、特約店に競合品取扱禁止規定を設けることが多い。対象製品は、「ExporterブランドのY製品」と規定されているが、「(異なるブランド名での）新製品や新しいタイプの製品ラインが製品リストに含まれるか否か」争いが生じる可能性があるため、製品の定義に注意する。

実務アドバイス

フランチャイズ契約も一種の販売特約店契約である。フランチャイズ加盟契約においては、フランチャイズ加盟店は、本部から店舗で販売する商品をすべて購入する条件が多いため、提供される商品やサービスの価格についての本部による関与に注意が必要である。なお、本部がフランチャイズ加盟店の価格を決めることが独占禁止法に違反することになるかどうかについて、公正取引委員会によるフランチャイズ・ガイドライン「フランチャイズ・システムに関する独占禁止法上の考え方」では、販売価格については、統一的営業・消費者の選択基準の明示の観点から、必要に応じて希望価格の提示は許容される。しかし、加盟者が地域市場の実情に応じて販売価格を設定しなければならない場合や売れ残り商品等について値下げして販売しなければならない場合などもあることから、本部が加盟者に商品を供給している場合、加盟者の販売価格（再販売価格）を拘束することは、原則として独占禁止法2条9項4号（再販売価格の拘束）に該当する。また、本部が加盟者に商品を直接供給していない場合であっても、加盟者が供給する商品または役務の価格を不当に拘束する場合は、一般指定の12項（拘束条件付取引）に該当することとなり、これについては、地域市場の状況、本部の販売価格への関与の状況等を総合勘案して判断される。

サンプル

第1条　（指名）
インポーターは、総輸入特約店契約に定められたExporter社から許諾された権利に基づき、契約地域においてExporter社から提供を受けるノウハウ（第2条に定義）を利用して本製品を販売できるが、特約店からの要請に基づき、特約店が契約地域において、本契約有効期間中、ノウハウを使用して本製品を契約地域内の顧客（以下、「顧客」という）に非独占的に販売することを許諾する。特約店は、本製品を自己の名と計算において顧客に販売する。

本特約店契約では、特約店からの要請に基づき特約店が契約地域における非独占的特約店として指名されている。この「特約店からの要請に基づき」という文言はインポーターが持ちかけていないことを示す（削除してもよい）。また、顧客への販売が、直接販売なのか、卸売店といった特約店経由の販売を認めるのか規定できる。本サンプルでは明記していないため、制限する場合は修正する。「特約店は、本製品を自己の名と計算において顧客に販売する」文言から、特約店が代理人形態やエージェント形態でなく、特約店形態であることがわかる。

☞ 実務アドバイス

特約店の権限は、用語ではなく契約書の条件から確認することが必要である。サンプルにおける特約店は、法的権限を付与された代理人あるいはセールスエージェントではない。販売だけでなく買付代理人のように本人から委任されて、本人が買い付けるための代理権限が付与される場合や保険代理店のように保険会社の契約締結権限を保険会社本人から付与されている場合がある。

● 第１条バリエーション１（変更条件）：独占条件条項

使い方　サンプル第１条を以下に変更する

バリエーション

第１条　（指名）

１　インポーターは、総輸入特約店契約に定められたExporter社から許諾された権利に基づき、契約地域においてExporter社から提供を受けるノウハウ（第２条に定義）を利用して本製品を販売できるが、特約店からの要請に基づき、特約店が契約地域において、本契約有効期間中、ノウハウを使用して本製品を契約地域内の顧客（以下、「顧客」という）に独占的に販売することを許諾する。特約店は、本製品を自己の名と計算において顧客に販売する。

２　インポーターは、契約地域において特約店以外の第三者を通じてあるいは自ら顧客に本製品を販売しないものとする。

独占的条件に変更するためには、特約店を契約地域の独占的特約店として指名し、他の特約店を指名しないものとし、インポーターも自ら顧客に販売してはならず、特約店を通じてのみ本製品を販売することを規定する。

☞ 実務アドバイス

独占的条件において、Exporter 社が契約地域内にインポーターを通さず販売してはならないことも求めることは、並行輸入の禁止規定となる。並行輸入の禁止は一定基準を満たさない限り違法となる。また、総輸入特約店契約がすでに締結されている場合､条件を追加変更することは難しい。

● 第１条バリエーション２（追加条件）：競合品取扱禁止条項

使い方 バリエーション１の第１条に第３項として追加する

バリエーション

> 3　特約店は、本製品に競合する製品を本契約期間内に取り扱ってはならない。

競合品取扱禁止条項について、非独占的条件特約店契約の場合、不公正な取引として違法となる可能性があるが、独占的条件特約店契約の場合、その可能性は低い。

☞ 実務アドバイス

排他条件付取引

競合品取扱禁止条項や、他メーカーの製品を取り扱うことの禁止条項、供給者が相手方に対し自己の商品のみを販売することを条件として取引する条件は、排他条件付取引となり独占禁止法違反となり得る。しかし、市場におけるシェアが20％以下である事業者（つまり、市場における有力な事業者ではない）や新規参入者がこれらの行為を行う場合には､セーフハーバーとして違法とはならない。

☞ 実務アドバイス

拘束条件付取引

取引の相手方の事業活動を不当に拘束する条件を課す取引は、自由競争を害するような不当なものである場合は違法となる。例えば、安売小売業者への販売禁止を条件にメーカーが卸売業者に商品を販売する場合である。一方、合理性のある基準（例えば、商品の品質の維持）を定めてその基準を満たす流通業者にだけ商品を取り扱わせるような場合は、選択的流通として拘束条件付取引に該当せず、違法とはならない。

● 第１条バリエーション３（追加条件）：輸出禁止条項

使い方 サンプル第１条に追加する

バリエーション

特約店は、本製品を契約地域外に輸出してはならないものとし、契約地域外に再販売することが明らかな契約地域内の者に販売してはならないものとする。

総輸入特約店契約の規定から、特約店に対して輸出禁止だけでなく、契約地域外に再販売することが明らかな契約地域内の者に販売することを禁止している。なお、特定の貨物の輸出・技術提供は、外国為替及び外国貿易法による規制の対象となる。

実務アドバイス

市場における有力な健康食品メーカーが、販売代理店に対し、一定の販売地域を割り当て、地域外での販売を禁止するという厳格な地域制限を行うことについて、独占禁止法上問題となるものではないと回答した事例がある（公正取引委員会：独占禁止法に関する相談事例集（平成25年度））。

サンプル

第２条　（定義）

本契約において､以下の用語はそれぞれ下記の意味を有するものとする。

（１）「ノウハウ」とは、総輸入特約店契約に従い Exporter 社から提供を受ける本製品に関する販売資料、サンプル、マーケティング情報、技術情報等とする。

（2）「契約年度」とは、以下の期間をいう。契約初年度は、契約締結日から契約締結日が属する年の12月末日までとし、契約２年度以降は毎年１月１日から12月末日までとする。

● 第２条バリエーション１（変更条件）：契約年度定義条項

使い方　サンプル第２条「契約年度」の定義を変更する

バリエーション

「契約年度」とは、契約締結日から１年間ごとの期間とする。

最低購入金額保証規定のため、契約年度の定義が設けられているところ、初年度が必ずしも１月１日からではないため、初年度は１年に満たないため年度で管理することはできない。一方、１年ごとの比較をするためには、契約年度を契約締結日から１年ごとの期間にする必要がある。

● 第２条バリエーション２（追加条件）：商標で製品を定義する条項

使い方　①サンプル頭書部分を変更し、第２条（3）で「許諾商標」定義を追加する
②オプション　特約店による商標使用上の義務（サンプル第４条第４項として追加）と商標維持条項を追加する（サンプル第９条を第９条第１項とし、第９条第２項として追加）

バリエーション

①　頭書部分

「日本国内（以下、「契約地域」という）で販売することを独占的に許諾されたExporterブランドのY製品（以下、「本製品」という）」を「日本国内（以下、「契約地域」という）で販売することを許諾された許諾商標（第２条で定義）が付されたExporterブランドのY製品（以下、「本製品」という）」に変更する。

第２条

（3）「許諾商標」とは、「X」をいう。

②　第4条
4　特約店は許諾商標使用の形態と方法について、インポーターの書面による事前の承諾を得なければならない。なお、本製品そのものの販売には承諾は不要とする。特約店は、出所表示機能、品質保証機能および広告宣伝機能を損なう行為を行ってはならない。
第9条
2　インポーターは、本契約有効期間中、特約店が本契約に基づく義務を履行することができるよう、契約地域において許諾商標を維持する。

許諾商標使用の形態と方法は、パンフレット、ウェブサイト、請求書、名刺などでの使用を想定している。許諾商標への侵害が発生した場合、第9条における秘密保持に関する条項でカバーする。

サンプル

第3条　（基本契約性、個別売買契約）
1　本契約はインポーターと特約店間で行う本製品の売買取引すべてに適用される。
2　本製品のインポーターと特約店間における個々の本製品の売買取引は、個別売買契約によるものとし、個別売買契約において売買数量、品番、単価等、本契約に定めるものを除き取り決める。個別売買契約は、特約店からインポーターに対する注文書に基づき、インポーターが特約店に注文請書を発行し送付したときに成立する。なお、個別売買契約において本契約の定めと異なる定めをしたときは、個別売買契約の定めが優先する。

個々の取引は個別売買契約によること、個別売買契約の成立方法と基本契約との優先性を取り決めている。

● 第３条バリエーション（追加条件）：リベートプログラム条項

使い方 サンプル第３条に追加する

バリエーション

> ３　インポーターは、契約年度において特約店が販売した本製品の金額に応じて独自に決定するリベートを支払うことがある。特約店は、インポーターが定めるフォームによる販売計画を契約年度開始（初年度を除く）の１カ月前までに提出する。

リベートの会計処理は税務的にクリアしなければならない。「リベートや販売報奨金」などが、排除型私的独占効果と認められる場合、独占禁止法違反となる（排除措置命令と課徴金納付命令の対象となりうる）。

サンプル

> 第４条　（特約店の義務）
> １　特約店は、本製品の販売にあたり、本製品およびインポーターの品位およびイメージを損なわないものとし、本製品の広告宣伝や販売促進を行い、本製品の販売に尽力する。
> ２　特約店は、毎年、契約年度終了後１カ月以内にインポーターが指定する項目についてレポートを提出するものとする。
> ３　特約店による本製品の販売方法に起因してインポーターまたはExporter社が第三者からクレームを受けた場合、すべて特約店にて解決し、インポーターまたはExporter社に損害を与えない。

特約店の義務を列挙しているが、実態に合わせて内容を変更する。

● 第４条バリエーション（追加条件）：広告宣伝費用負担条項

使い方 サンプル第４条に追加する

バリエーション

> ４　特約店は、本製品の広告宣伝費用として、毎契約年度最低、金＿＿

円を支出する。さらに、インポーターが契約地域において本製品の広告宣伝を行うことに鑑み、特約店は契約有効期間中、毎契約年度本製品の購入総合計（消費税除く）の１％相当額をインポーターに新契約年度開始から１カ月以内に広告宣伝費用負担金として現金にて支払う。なお、インポーターは、消費税を別途負担するものとする。

特約店は、毎契約年度出費する広告宣伝費を確約し（第１文）、インポーターに対して広告宣伝費を負担することを取り決めている（第２文）。実態に合わせて２つの条件を修正や削除する。

サンプル

第５条　（支払条件）
特約店からインポーターに対する本製品の支払条件は、引渡しを受けた本製品につき、引渡ベースにて毎月月末に締め切り、翌月末現金にてインポーター指定銀行口座に振り込む方法で支払う。特約店はインポーターの発行するインボイス制度に適合した請求書に基づき、本製品の売買代金ならびに消費税を支払うものとする。振込手数料は特約店の負担とする。

2023年から始まるインボイス制度に対応した請求書を発行する前提としての条項である。本来、インポーターと特約店の取引は日本国内取引であるから、為替リスクは関係ない。また、インポーターがExporter社から円建てで輸入していれば為替リスクはない。一方、インポーターはExporter社から外貨建てで輸入、あるいは外貨ベースで換算された円価支払と考えられ、この場合、最終的に為替リスクを誰が負担するかが検討課題となる。

● 第５条バリエーション（追加条件）：為替リスク負担条項

使い方　サンプル第５条に追加する

バリエーション

本製品のインポーターがExporter社から輸入する価格が外貨建てであることにより生ずることのある為替リスクは特約店負担とする。為替レートは、インポーターが実際に適用を受けたレートとする。

円安になった場合には、インポーターによるExporter社への支払額が増えることになる。一方、円高になった場合には、調整して円貨を減額するのか課題が残る。

サンプル

第6条　（引渡しおよび所有権）
1　本製品の引渡条件は、個別売買契約に定める契約地域内における特約店指定引渡場所における持込渡しとする。特約店は本製品の引渡しを受けたとき、受領書をインポーターあるいはインポーターが指定した運送業者に交付するものとし、この交付をもって本製品のインポーターから特約店への引渡しが完了したものとする。
2　前項の引渡完了と同時に本製品の所有権はインポーターから特約店へ移転するものとし、引渡完了後に本製品に関して生じることのある滅失、毀損等の損失は特約店の負担とする。

本製品の引渡条件は、製品の特性によって変更する必要がある。

● 第6条バリエーション1（変更条件）：引渡検査条件変更条項

使い方　サンプル第6条第1項第2文を変更する

バリエーション

特約店は本製品の納入後、3日以内に両者で協議して合意した方法に従って、本製品の種類、品質、数量について受入検査を行い、合格したものを検収する。この検収をもって本製品のインポーターから特約店への引渡しが完了したものとする。受入検査の結果、本製品に本契約あるいは個別売買契約の内容に適合しないものがあった場合、特約店は３日以内にインポーターに通知する。この場合、特約店の選択に基づき、商品交換、修補、返品、代金減額を求めることができる。

検査条項において、検査を行う期限、通知期限、契約不適合の場合における対応と売主であるインポーターの責任について取り決めるものである。「協議して合意した方法に従う」検収条件であり、合意されない場合の取決めはないため、検収完了にならない場合が想定される。これを避けるために検収条件を別紙に添付することも可能である。

● 第６条バリエーション２（変更条件）：引渡場所変更条項

使い方　サンプル第６条第１項第１文を変更する

バリエーション

本製品の引渡条件は、個別売買契約に定めるインポーターの配送センターにおいて、特約店が手配するトラックへの積込渡しとする。

タンクローリーや船舶への積込条件や工場渡しなど、実態に合わせて変更する。

サンプル

第７条　（最低購入義務）

１　特約店は、各契約年度において、インポーターから以下の金額の本製品を購入するものとする（購入金額に消費税を含む。なお、金額の総計を計算するにあたり、返品額や契約不適合製品の相当金額を含まない）。

初年度　　　　　　Ｘ円

２年度以降　　　　Ｙ円

２　インポーターは、各契約年度終了後、１カ月以内に前年度の総購入金額を特約店に書面にて通知する。特約店がそれぞれの契約年度において前項の最低購入金額を達成できなかった場合、特約店はインポーターに対して未達成額の20％相当額を最低購入義務違反の損害額として各契約年度終了後、２カ月以内に支払う。なお、当該支払が期間内に行われた場合、インポーターは特約店による最低購入義務違反を理由として本契約の解除はできないものとする。

最低購入義務違反の場合、損害額として未達成額の20％相当額とし、その損害額が支払われた場合、最低購入義務違反を理由として本契約の解除はできない条件である。なお、最低購入義務を算定するにあたり、返品額、契約不適合製品を除いている。さらに、サンプル用品、展示用品等を除くことも可能である。

● 第７条バリエーション（変更条件）：最低購入義務違反による解除可能条件変更条項

使い方 サンプル第７条第２項第３文を変更する

バリエーション

なお、当該支払が行われた場合においても、インポーターは特約店による最低購入義務違反を理由として本契約を解除できるものとする。

独占的販売特約店契約において、最低購入義務違反を理由としたこのような契約解除条件を設けておくことは、特約店による明確な契約違反はないものの、販売不振による関係解消を希望する場合に有用である。

サンプル

第８条　（保証）
インポーターは、本製品につき引渡し後１年間、本製品が仕様に合致することを保証する。

特約店による本製品の保証期間を引渡しから（あるいは検査完了からに変

更）１年間としているが、顧客に対する保証期間および在庫として販売されるまでの期間を考慮することが必要である。ここでは、顧客に対する保証期間を６カ月と想定した。なお、保証履行のための条件、部品の供給方法やサポート体制についてより詳しく規定することもできる。なお、インポーターはExporter社との契約による制限があるので無制限に延長することはできない。

サンプル

第９条　（秘密保持）
特約店は、インポーターから提供を受けたノウハウ、その他本契約に関連して知り得たインポーターおよびExporter社の情報を第三者に開示あるいは漏えいしてはならない。

Exporter社の情報についても秘密保持の対象となっていることに留意する。なお、秘密情報の例外となる情報の規定、契約解除時の情報の返還義務、解除後の秘密保持延長期間などを追加で規定することができる。

サンプル

第10条　（知的財産権侵害）
特約店が本契約に基づく本製品の販売にあたり、第三者より知的財産権侵害を理由として訴訟の提起またはクレームを受けた場合あるいは第三者による本製品に対する知的財産権侵害を見つけた場合、インポーターに対して直ちにその旨を連絡し、訴訟またはクレームに対する防御あるいは第三者による侵害の排除について共同して行うものとする。

本条においては、「訴訟またはクレームに対する防御あるいは第三者による侵害の排除について共同して行う」という合意はあるものの、損害が発生した場合、その負担についての取決めがないことから、特約店からはインポーターに対して一切の負担についてインポーターの責任であることを明記するよう要求されるであろう。この場合、インポーターが一切の責任を負担することに同意できないのであれば、損害の負担について、特約店の義務違反によるものであれば特約店の負担とするとしたり、損害の負担についても協議すると取り決めることができる。

● 第10条バリエーション1（追加条件）：知的財産権侵害への対応に対する制限条項

使い方 サンプル第10条に追加する

バリエーション

> この場合、特約店は、防御、排除についてインポーターの指示なしに対応を行ってはならない。

インポーターの承諾なく防御や排除ができないことだけを明記するが、費用負担については明記しない場合に使用する。

● 第10条バリエーション2（変更条件）：知的財産権侵害損害はすべてインポーターが負担する条項

使い方 サンプル第10条を以下のとおり変更する

バリエーション

> 第10条　（知的財産権侵害）
> 特約店が本契約に基づく本製品の販売にあたり、第三者より知的財産権侵害を理由として訴訟の提起またはクレームを受けた場合あるいは第三者による本製品に対する知的財産権侵害を見つけた場合、インポーターに対して直ちにその旨を連絡し、訴訟またはクレームに対する防御あるいは第三者による侵害の排除について共同して行い、損害が発生した場合はそのすべてをインポーターが負担する。

インポーターが損害負担する前提として、特約店がインポーターに対して連絡し、防御や排除についてインポーターと共同する条件を明記する場合に使用する。

サンプル

第11条　（譲渡禁止）

1　特約店は、本契約に基づく権利を新たに譲渡または再許諾し、あるいは本契約に基づく義務を他に引き受けさせる等の行為をしてはならない。

2　特約店は、ノウハウを本契約の目的以外で使用してはならない。

本条は譲渡禁止条項であるが、内容的には譲渡ならびに債務引受禁止条項である。

サンプル

第12条　（有効期間）

本契約は、契約締結日から2025年３月31日まで有効とする。ただし、総輸入特約店契約が上記期日までに終了した場合、本契約は直ちに終了する。この場合、特約店はインポーターに対して損害賠償を請求する等、異議を述べないものとする。

有効期間は、特約店としては長めの設定を希望するであろうが、インポーターとしては比較的短い期間に設定して特約店の販売力などを見極めたい。総輸入特約店契約が解除された場合、本製品が輸入されないのであるから、本契約を継続することは不可能であるが、特約店が資本を投下した場合、「損害賠償を請求する等、異議を述べない」とする条件に同意することは厳しいため、本条の最後の条文には削除要請がなされる可能性が高い。

● 第12条バリエーション１（追加条件）：契約終了後一定期間販売可能条項

使い方　サンプル第12条に追加する

バリエーション

本契約が上記の規定に基づき終了した場合、特約店は自己が保有する在庫となっている本製品について、本契約終了日より６カ月間のみ本製品を継続して販売することができる。この場合、本製品の販売については本契約の条項をそのまま適用する。

特約店が購入した本製品の在庫について販売期間を制限することが可能であり、その際には特約店契約の規定を適用させる。一方、インポーターとしては、特約店が重大な違反をしたことにより本契約を解除した場合、本製品の継続販売を認めたくないケースもあるので、これを例外とすることも可能である。

● 第12条バリエーション２（追加条件）：契約終了時ノウハウ返却条項

使い方　第12条に追加する

バリエーション

本契約が上記の規定に基づき終了した場合、特約店が有するノウハウおよびその複製物を含み、これをインポーターの指示に従い返却または廃棄処分する。

特約店からは、社内の稟議書類や検討書類等についてはサーバーに入っており、複製物の返却や廃棄処分を分離してできないので、例外的に保持を認めてほしいという要請がなされる可能性がある。これに対しては、インポーターからは引き続き秘密保持条項が適用されることを条件にして認めることができる。

サンプル

第13条以降　一般条項

［省略］

以上、本契約締結の証として本書2通を作成し、各々その1通を保有する。

● 一般条項バリエーション（追加条件）：総輸入特約店契約遵守条項

使い方 一般条項に追加する

バリエーション

特約店は、本製品の販売にあたり、インポーターがExporter社から総輸入特約店契約違反と主張されないようインポーターからの指示を遵守する。

インポーターは、特約店の行為により総輸入特約店契約違反となると同契約を解除される可能性があり、これを避けたいために本条項を含めることを提案する。一方、特約店は、インポーターからの指示がわからないので、事前に総輸入特約店契約のレビューをしたいと要請するであろう。インポーターはすでに総輸入特約店契約を締結しており、開示することは受けられるが、そのすべて（特に価格情報）を開示することには抵抗があるため、価格情報を除いて開示することを検討すべきである。

第5章 開発委託契約書

POINTS

▶開発委託契約は、通常、製品等の開発を委託する請負契約の性格を有し、ソフトウエア開発委託契約、システム開発委託契約、その他製品・商品の開発契約等がある。

▶開発委託契約においては、その成果物について知的財産権の帰属が問題となるため、権利の帰属についてあらかじめ合意を行うことが重要となる。

▶既存技術と新たに開発された新技術との区別が曖昧になると、後に権利の帰属や対価をめぐり紛争が生じやすくなるため、委託者または受託者が既存技術を提供する場合には、あらかじめ当該既存技術を特定し、契約書に明示することが重要となる。

▶契約の相手方当事者も技術やノウハウを提供し、成果を共有することを前提とする場合には共同開発契約を締結することが多い。

▶製品等の開発委託のみならず、その製造委託まで合わせて同一の契約書に規定をする場合も少なくないが（開発製造委託契約等）、法的性質としては、開発および製造委託に関する請負契約に、対象製品（量産品）の売買契約を加えたものということができる。

KEYWORDS

【知的財産権条項】

開発された成果物の特許権、著作権、その他知的財産権が、委託者または受託者のどちらに帰属するのかを、事前に明確に定めておくことが必要となる。また、受託者が成果物に使用されている特許権を有する場合、委託者は受託者にその実施使用権を認めてもらうことが必要となる。

【著作者人格権】

著作者人格権とは、著作者が自己の著作物について有している人格的利益を対象とした権利で、創作と同時に著作者に帰属し、譲渡および相続できない一身専属的な権利である。例えば、ソフトウエア開発委託契約において委託者に著作権の帰属を認めるとの合意がある場合には、受託者に帰属する著作権を委託者へ移転する必要が生じるが、著作者人格権は委託者へ移転することができないため、著作者人格権不行使の合意を受託者から取り付ける必要が生じる。

【契約不適合責任】

民法上の売買契約にて発生する契約不適合責任と類似の責任を受託者に負わせることで、仕様書の要求事項を満たすまで製品の開発を継続することを受託者に求めることができる。

関連法令等

知的財産法

ソフトウエア開発においては、学術的な思想が創作的に表現されたプログラム自体が著作物に該当し、著作権によって保護されることになる。著作権法は、著作物を創造する者を著作者と定めているため、ソフトウエア開発委託契約においては、受託者がプログラムの著作権者となる。著作権を有しない委託者が、同一のプログラムを複製したり、販売する行為は、著作権の侵害行為となるため、成果物の引渡しと同時に、著作権を受託者から委託者へ譲渡しておく必要がある。

また、プログラムの背後にある情報処理やシステム技術に関する発明に、新規性、進歩性等の一定の要件が認められる場合、その発明が特許法により保護され得ることになる。特許を受ける権利は発明者である受託者に発生するため、委託者が出願人として特許庁へ出願するためには、特許を受ける権利を受託者から譲り受ける必要がある。

下請法

「情報成果物」の作成行為の全部または一部を委託する場合には、委託者および受託者の資本金の額により、下請代金支払遅延等防止法（以下、「下請法」という）の適用を受ける場合がある。「情報成果物」の作成を委託する開発契約の代表的なものとして、ソフトウエア開発委託がある。なお、下請法の適用については、第１編第３章も参照されたい。

下請法が適用される場合、委託者には、（１）書面の交付義務、（２）支払期日を定める義務、（３）遅延利息の支払義務、および（４）書類の作成・保存義務が課されることになる。

（１）　書面の交付義務（下請法３条）

委託者は以下の事項を書面で交付するか､契約書に記載する義務が生じる。

①　親事業者および下請事業者の名称（番号、記号等による記載も可）
②　製造委託、修理委託、情報成果物作成委託または役務提供委託をした日
③　下請事業者の給付の内容（委託の内容がわかるよう、明確に記載する）
④　下請事業者の給付を受領する期日（役務提供委託の場合は、役務が提供される期日または期間）
⑤　下請事業者の給付を受領する場所
⑥　下請事業者の給付の内容について検査をする場合は、検査を完了する期日
⑦　下請代金の額（具体的な金額を記載する必要があるが、算定方法による記載も可）
⑧　下請代金の支払期日
⑨　手形を交付する場合は、手形の金額（支払比率でも可）および手形の満期
⑩　一括決済方式で支払う場合は、金融機関名、貸付けまたは支払可能額、親事業者が下請代金債権相当額または下請代金債務相当額を金融機関へ支払う期日

⑪　電子記録債権で支払う場合は、電子記録債権の額および電子記録債権の満期日

⑫　原材料等を有償支給する場合は、品名、数量、対価、引渡しの期日、決済期日、決済方法

（2）　支払期日を定める義務（同法2条の2）

委託者は、受託者が成果物の内容について検査を実施するか否かにかかわらず、委託料の支払期日を、成果物を受領した日から起算して60日以内に定める義務がある。

（3）　遅延利息の支払義務（同法4条の2）

親事業者は、下請代金をその支払期日までに支払わなかったときは、下請事業者に対し、物品等を受領した日（役務提供委託の場合は、下請事業者が役務の提供をした日）から起算して60日を経過した日から実際に支払をする日までの期間について、その日数に応じ当該未払金額に年率14.6%を乗じた額の遅延利息を支払う義務がある。

（4）　書類の作成・保存義務（同法5条）

委託者は、以下の内容について記載した書類を作成し2年間保存する義務がある。

①　下請事業者の名称（番号、記号等による記載も可）

②　製造委託、修理委託、情報成果物作成委託または役務提供委託をした日

③　下請事業者の給付の内容（役務提供委託の場合は役務の提供の内容）

④　下請事業者の給付を受領する期日（役務提供委託の場合は、下請事業者が役務の提供をする期日・期間）

⑤　下請事業者から受領した給付の内容および給付を受領した日（役務提供委託の場合は、下請事業者から役務が提供された日・期間）

⑥　下請事業者の給付の内容について検査をした場合は、検査を完了した日、検査の結果および検査に合格しなかった給付の取扱い

⑦　下請事業者の給付の内容について、変更またはやり直しをさせた場合は、内容および理由

⑧　下請代金の額（算定方法による記載も可）

⑨　下請代金の支払期日
⑩　下請代金の額に変更があった場合は、増減額および理由
⑪　支払った下請代金の額、支払った日および支払手段
⑫　下請代金の支払につき手形を交付した場合は、手形の金額、手形を交付した日および手形の満期
⑬　一括決済方式で支払うこととした場合は、金融機関から貸付けまたは支払を受けることができることとした額および期間の始期ならびに親事業者が下請代金債権相当額または下請代金債務相当額を金融機関へ支払った日
⑭　電子記録債権で支払うこととした場合は、電子記録債権の額、下請事業者が下請代金の支払を受けることができることとした期間の始期および電子記録債権の支払期日
⑮　原材料等を有償支給した場合は、品名、数量、対価、引渡しの日、決済をした日および決済方法
⑯　下請代金の一部を支払いまたは原材料等の対価を控除した場合は、その後の下請代金の残額
⑰　遅延利息を支払った場合は、遅延利息の額および遅延利息を支払った日

契約書条文解説

頭書部分

サンプル

開発委託契約書

六本木株式会社（以下、「委託者」という）と神谷町株式会社（以下、「受託者」という）は、家庭用芝刈機に搭載される超軽量小型モーターに関する開発委託（以下、「本開発業務」という）について、20XX 年 4 月 1 日（以下、「本契約締結日」という）付にて以下のとおり開発委託契約を締結する。

契約当事者（委託者、受託者）および本件契約の目的を冒頭で特定する。契約締結日は署名欄に、また開発委託の目的物の詳細は、別の条文にてそれ

それ示すことも可能である。

サンプル

> **第１条　（開発委託）**
> 委託者は、自己が販売する家庭用芝刈機の次期モデルに搭載予定の超軽量小型モーター（部品規格は別紙仕様書のとおり。以下、「本部品」という）の開発を、受託者に対して非独占的に委託し、受託者はこれを本契約に従って受託する。

☞ 実務アドバイス

開発委託の場合、成果物の内容を仕様書に詳細に規定し、別紙として本契約に添付することが通常である。仕様書は、委託内容の重要な一部を構成するのみならず、検査を実施する際の基準としても機能するため、契約書本文と同様に一義的に明確に、かつ詳細に作成する必要がある。

● 第１条バリエーション（追加条件）：競合取扱禁止条項

使い方　サンプル第１条に追加する

バリエーション

> 受託者は、本業務に競合する委託業務を本契約期間内に受託してはならない。

☞ 実務アドバイス

同業他社の開発を禁止する独占的な委託は、私的独占の禁止及び公正取引の確保に関する法律（独占禁止法）に抵触するリスクがあるため、事前確認が必要である。

サンプル

第２条　（開発委託期間）

本契約に基づく開発委託期間は、本契約締結日から６カ月以内とする。

開発委託の内容に応じて委託期間を定める。受託者としては、検査で不合格になる可能性を想定し、期限よりも早期に一度目の納品を完了させたい。

サンプル

第３条　（試作品の納入）

１　受託者は、委託者に開発委託期間内に本部品の試作品につき、別紙に記載する数量を納入するものとする。

２　委託者は、本部品の試作品の納入後５営業日以内に検査を実施し、その結果を受託者へ通知しなければならないものとし、その合格基準は別紙１記載のとおりとする。

３　前項の検査によって検査不合格となった場合、受託者は、本部品の試作品が合格基準を満たすまで開発を継続するものとする。

実務アドバイス

受託者としては、検査合格（不合格）通知の受領まで不安定な立場に置かれるため、「試作品の納入後５営業日が経過しても委託者から通知を受領しない場合には、本部品の試作品は合格したものとみなされる。」とのみなし規定を加えることが望ましい。

サンプル

第４条　（受託者の義務）

１　受託者は、本開発業務の実施にあたり、法令を遵守し、善良なる管理者の注意をもって遂行する。

２　受託者は、本開発業務の実施にあたり、第三者への再委託をしないものとする。
3　受託者は、委託者からの要求があった場合には、委託者指定の方法にて、本部品の開発状況について報告を行うものとする。

受託者の一般的な義務を列挙しているが､実態に合わせて内容を変更する。本条第2項において、例えば委託者からの事前承諾を条件に第三者への再委託を認める場合には、受託者をして当該第三者に同一の秘密保持義務を負わせる必要がある。

サンプル

第5条　(第三者の権利侵害)
1　受託者は、本部品の試作品が第三者の知的財産権を侵害しないことを保証する。
2　本開発業務の実施にあたり委託者が第三者からクレームを受けた場合、当事者は協力して解決にあたるものとする。

交渉ポイント

受託者の立場からは、本部品の試作品が第三者の知的財産権を侵害しないことを調査するのは膨大な手間がかかり現実的でない場合もあるため、権利侵害のないことの保証は極力避けるようにする。

他方で、委託者の立場からは、受託者に第三者の知的財産権を侵害しないことを保証させた上で、万が一第三者からクレームを受けた場合には受託者の費用負担にて解決させる内容の規定を置くことが望ましい。

サンプル

第６条　（開発委託料ならびに支払方法）
１　本開発業務の実施に伴う開発委託料は、金5,000,000円（消費税別）とする（以下、「本委託料」という）。
２　委託者は、第３条に定める本部品の試作品が委託者による納品検査に合格した場合、納品検査合格日から１カ月以内に本委託料を支払うものとする。
３　前項の支払は、受託者の指定する下記の銀行口座へ振込送金の方法にて支払われるものとする。振込手数料は委託者の負担とする。

通常、委託料には消費税が発生するため、支払時に問題が生じないよう、契約書に税込み価格か否かの明記をしておくことが望ましい。委託料の金額によって収入印紙の額が決定される。委託料が金5,000,000円の場合、１万円の収入印紙を契約書原本に貼付することが必要となる（印紙税は課税文書（契約書原本）ごとに課せられるため、電子契約により収入印紙の節約を行うことが可能である）。

● 第６条バリエーション（変更条件）：支払条件変更条項

使い方　サンプル第６条を変更する

バリエーション

第６条　（開発委託料ならびに支払方法）
１　本開発業務の実施に伴う開発委託料は、金5,000,000円（消費税別）とする（以下、「本委託料」という）。
２　委託者は受託者に対し、本委託料を以下のとおり支払うものとする。
（１）　本契約締結日から１カ月以内に前渡金として金1,000,000円
（２）　本契約期間中、20XX年○月より毎月末日に金500,000円（計５回、合計金2,500,000円）
（３）　本部品の試作品が委託者による試験に合格した場合、合格日から１カ月以内に金1,500,000円

> 3　前項の支払は、受託者の指定する下記の銀行口座へ振込送金の方法にて支払われるものとする。振込手数料は委託者の負担とする。

受託者が小規模企業であるなど、開発資金が潤沢にない場合には、契約締結時や、開発過程における一定の目標達成時点またはあらかじめ合意された時期に支払を行うなど、分割して支払うケースもある。

交渉ポイント

受託者としては、その規模にかかわらず、開発費用の持ち出しを避けるため、委託者に委託料を先払いしてもらえるよう交渉を行いたい。

サンプル

> **第7条　(品質保証)**
>
> 1　本部品の保証期間は納入日から1年間とする(以下、「本保証期間」という)。
>
> 2　本保証期間中に、本部品の試作品が別紙仕様書記載の品質および性能を有しないことが確認された場合には、受託者は無償で修理を行うかまたは代替品と交換するものとする。ただし、委託者側の使用方法の誤りその他過失により品質または性能を欠くこととなった場合には適用されない。

本部品の納入時には合格と判断された製品でも、委託者が販売する家庭用芝刈機への組み込み後に仕様書記載の品質および性能を有しないことが確認される場合もある。委託者としてはできる限り長い保証期間を獲得できるように交渉することとなる。他方で、委託者の行為が故障の原因か否かを判断することが難しい場合もあるため、受託者としてはできる限り保証期間を短縮したいところである。

本規定は開発委託とともに、製造委託も同時に行い、大量の製品を受注する場合に特に有用となる。

サンプル

第８条　（知的財産権の帰属）

１　本開発業務および本部品の試作品に関する発明および考案に係る特許権等を受ける権利、本開発業務および本部品の試作品に関する創作物および成果物に関わる著作権、その他本開発業務の成果である一切の知的財産権は、第６条第３項の開発委託料の支払完了と同時に受託者から委託者に移転する。

２　受託者は、受託者の従業員が本開発業務および本部品の試作品製造に従事する際、従業員発明に関するすべての権利を、前項の規定のとおり、委託者へ譲渡できるよう社内規程を整備し、必要となる報酬等が支払われるように確保し、委託者に損害を与えないものとする。

３　受託者は、本条に基づき委託者に譲渡した特許等について、受託者が有する著作者人格権その他の人格権を行使しない。

受託者は、本委託料が権利を移転するに見合うだけの対価を取得できるのかを検討する必要がある。

権利を移転しない場合には、受託者は委託者が本部品に関わる権利を実施できるように無償の使用実施権を付与する必要が生じる。

サンプル

第９条　（秘密保持）

１　委託者および受託者は、本契約に関連して相手方から開示され、または本契約の履行に伴い知り得た技術上、営業上その他一切の情報（以下、「本秘密情報」という）を第三者へ開示しないものとする。

２　委託者および受託者は、相手方の書面による承諾なしに、本秘密情報を本契約の履行の目的以外に使用してはならない。

３　委託者および受託者は、相手方から受領した秘密情報については、本契約の終了時、または相手方の請求があった場合に廃棄を行うものとする。
4　本条は、本契約終了後も引き続き効力を有する。

開発委託契約に基づく取引では、技術情報が相手方に開示され、また開発を通じて新たな秘密情報が生成される可能性があるため、秘密保持条項は特に重要となる。

また、第4条にて記載のとおり、同条第2項において、委託者からの事前承諾を条件に第三者への再委託を認める場合には、受託者をして当該第三者に同一の秘密保持義務を負わせ、第三者の義務違反については受託者側に責任を負わせる必要がある。

秘密保持契約の詳細は、第1編第2章を参照されたい。

サンプル

第10条　（解除）
委託者および受託者は、相手方が本契約に定める条項に違反した場合、かつ相手方からの書面による催告を受領した後14日以内に是正されないとき、本契約を解除することができる。

受託者としては、委託者に開発費用を支払うだけの資力がないとわかった場合には本契約を解除できる手段を確保しておく必要がある。そこで、「監督官庁からの営業停止、営業登録の取消処分を受けたとき」に加え、「手形または小切手が不渡りになったとき」「破産、民事再生、会社更生または特別清算の手続開始決定等の申立てがなされたとき」「その他、資産、信用または支払能力に重大な変更を生じたとき」等を解除権発生事由として規定することも考えられる。

サンプル

第11条以降　一般条項

損害賠償条項
遅延損害金条項
権利譲渡禁止条項
反社会的勢力排除条項
準拠法条項
合意管轄条項

以上、本契約締結の証として本書原本２通を作成し、当事者は各１通を保有する。

サンプル

第11条　（損害賠償）
１　委託者および受託者は、相手方が本契約に違反することにより、相手方へ損害を発生させた場合には、損害賠償請求を行うことができる。
２　前項における損害賠償額は、本委託料（税別）の額を上限とする。ただし、受託者の故意または重大な過失により損害が生じた場合には、適用されないものとする。

実務アドバイス

損害賠償条項がなくても、民法の規定が適用されるため、必ずしも当該条項を規定する必要はない。もっとも、受託者は本契約において多くの義務を負っているため、委託者と比較し損害賠償責任を負う可能性が高い立場に置かれている。そこで、受託者としては、本委託料を超える損害賠償責任を負うことがないように、本委託料を損害賠償額の上限に設定することが望ましい。委託者としては、そのような責任制限規定をすべて削除したいところであるが、受託者側の資力等にも鑑み、譲歩案として、「受託者に故意または重過失が認められる場合には損害賠償額の上限は適用されない」との留保を置くことで交渉の着地点を見いだすことが合理的な場合がある。

サンプル

第12条　(遅延損害金)
委託者が本契約に基づく金銭債務の支払を遅延したときは、支払期日の翌日から支払済みに至るまで、年14.6％の割合による遅延損害金を支払うものとする。

実務アドバイス

前述のとおり、下請法の適用を受ける場合には、委託者は年率14.6％を乗じた額の遅延利息を支払う義務があるため、その点を明記する必要がある。

サンプル

別紙

部品規格：
試作品数量：
試作品合格基準：

第6章 事業提携契約書

POINTS

▶何らかの事業やプロジェクトを行う場合、複数の当事者が関与することが一般的である。その際、複数の当事者の意向や関与、あるいは権利義務について定めるのが事業提携契約書である。

▶事業提携契約書は、基本契約書や確認書、覚書などさまざまな名称が用いられ、その内容は事業やプロジェクトに応じて千差万別である。ビジネスの単なる協力関係を約束するものや事業の一般的な骨子を定めるもの、当事者間の意向を確認するものといった概括的・精神的なものから、複数の契約に基づく当事者間の個別の権利義務を横断的に調整するものまでさまざまなものがある。

▶事業提携契約書では、個別の事案に即して、案件自体や当事者に対して期待される内容を漏れなく網羅的に慎重に規定する必要がある。

▶事業提携契約書の内容が概括的なものである場合、相手方が事業提携契約書に従った対応をしなかったとしても、具体的な履行を請求することや損害の額を定めることは難しい。このような事業提携契約書は、記載された内容が誠実に履行されることを前提に相手方との確認事項を書面により記録したという位置付けにとどまるものとなることに注意する必要がある。

KEYWORDS

事業提携契約書は、提携の内容によってプロジェクト協定や株主間協定、役員派遣契約、債権者間協定など、さまざまなものが考えられる。

【プロジェクト協定】

プロジェクト協定とは、特定の事業やプロジェクトについて、これに関わる当事者の役割や複数の契約関係を横断的に調整し、事業やプロジェクトが全体として計画したとおりに運営されるように当事者間で定められる契約である。事業やプロジェクトでは、複数の契約関係が相互に関連し合いながら全体として目的が達成されることがある。ところが、個々の契約だけで権利義務関係を規定しこれに基づき執行がなされると、事業やプロジェクトの目的が達せられないことがある。このようなことが生じないように、当事者間で締結されるのがプロジェクト協定書である。

【株主間協定】

ある事業やプロジェクトに対して資金を調達する際に、借入れではなく株式会社として出資を募ることもある。ところで株主としての権利は、株式の内容および数に応じて平等に取り扱われることになるが、事業主に対して出資者が少数株主となる場合、事業主が株式の多数を支配していることをよいことに、その思いのままに会社を運営できることになり、出資者の利益が害されるおそれがある。また、出資者が多数の株式を保有すると出資者が事業主の考えとは異なる会社運営を行い、事業主がその計画を遂行できないといった問題が生じ得る。そこで、事業やプロジェクトが計画どおりに運営されるように、事業主と出資者といった株主間で協定を結ぶことがある。

【役員派遣契約】

一般に貸出人といった債権者は、金銭消費貸借などの契約によりその権利が定められ、債権者としてのみ権利を行使する。しかし、特定の事業やプロジェクトに対して貸出を通じて出資などする際に、事業やプロジェクトが適切に運営されることを前提に貸出を行うことがあり、事業の主体である会社の経営に重大な利害を有することがある。また、事業の主体となる借入人も、投資家である貸出人の持つ事業に対する知見を経営に反映させたいという場合がある。そのような場合、役員派遣について貸出人と借入人が協定を結び、借入人が貸出人の指定する者を取締役などの役員として受け入れることがある。貸出人は債権者としての立場に加え、事業の経営に直接関与する立場を得ることになる（役員ではなく、取締役会での議決権のないオブザーバーとして参加することもある）。

【債権者間協定】

特定の債務者に対して複数の債権者（貸出人）がいる場合、一般に各債権者は債務者に対して個別に権利を行使することができる。しかし、特定の事業やプロジェクトではプロジェクトなどが一定の段取りで進むことにより、はじめて債権者や関与者全体の利益となることがある。このような場合、個々の債権者がその利益だけを考慮し、プロジェクトなどの推進に不都合なタイミングで権利行使をすると他の債権者の利益を害する可能性がある。このような事態を避けるために債権者がその権利の行使の方法などについて結ぶ協定が債権者間協定である。

関連法令等

民法

協定書について民法や商法に直接の規定はない。民法の観点からは「無名契約（非典型契約）」となる。事業提携契約書の内容が遵守されない場合には債務不履行あるいは不法行為に関する一般原則で解決することになるが、具体的な権利内容や損害を確定することが難しいことも多いと考えられる。

契約書条文解説

頭書部分

サンプル

プロジェクト協定書

株式会社○○○○と株式会社○○○○（以下、「貸出人グループ」と総称し、各々「貸出人」という）、△△株式会社（以下、「借入人」という）および◇◇◇◇（以下、「経営株主」という）は、借入人が企画する「○○○○事業計画」（以下、「事業計画」という）に関連して、各貸出人が借入人に対して貸出を行うにあたり下記のとおり合意し、このプロジェクト協定書（以下、「本協定書」という）を○年○月○日に締結する。

何らかのプロジェクトを行う場合、具体的な権利義務関係は個別の契約書で定められる。しかし、プロジェクトのビジネス的な方向感やその完了を目指す努力をすること、あるいは関連する諸契約に横断的な影響がある事項などは個々の契約書による規定に馴染まないことがある。そのような場合、個別の契約に基づく権利義務に横断的なプロジェクトの運営方針や当事者の意向を規定することがある。

ここでは事業提携契約書の中でも「プロジェクト協定書」の名称で、特定のプロジェクトについて投資家となる貸出人の知見を生かしながらその完了を目指すために、貸出人、借入人、借入人の経営者である株主（事業主）の間で協定を結ぶものを示している。貸出人が債権者としての立場とは別に、借入人の経営に対してまで一定の影響力を行使できるよう定めるとともに、複数の貸出人による権利行使の方法についても定めている。

実務アドバイス

事業提携契約書に記載する内容

協定書については、記載すべき内容は事業やプロジェクトなどに応じて千差万別であり、実務的に定まっているわけではなく、ケース・バイ・ケースで考える必要がある。具体的には、事業提携契約書が必要となる事業やプロジェクトにおける当事者間の関係や、物や金銭、サービスの流れを時系列的に検討し（事業やプロジェクトの始まりから終わりまで、想定される流れを追って検討する）、その一つひとつについて想定される契約関係や会社の組織運営の方法で、不都合なく対処できるかを確認する。もし、個別の契約や会社の組織運営の方法では対処が曖昧な場合には、協定書で当事者間の関係を定めることを検討する。

☞ 実務アドバイス

複数の契約書の調整

特定の事業やプロジェクトについて個別の契約書の前提条件や表明保証、誓約事項などを慎重に組み合わせることにより全体を構成させることは可能である。しかし、複数の契約のさまざまな部分でそれぞれの関係が定められると、その関係の把握が難しく、また契約書の作成時に漏れや矛盾が生じるおそれもある。複数の契約にまたがるプロジェクトなどにおいては、当事者間の事業提携契約書という形で権利関係を調整することにより、プロジェクト全体をシンプルに構成することができる。

☞ 実務アドバイス

債権者と株主の立場の調整

一般に債権者（貸出人）は民法上の金銭消費貸借という方法で会社への投資を行い、会社の経営には関与しない。一方、株主は会社法にのっとり株式への出資という方法で会社への投資を行い、株主総会を通じて会社の経営に関与する。しかし、ビジネスの観点からは、会社への投資の形態と会社の経営への関与は、民法上の債権債務関係と会社法上の会社組織的な関係とに明確に線引きできるとは限らない。このような場合に、債権者と会社（および主要株主）との間での事業提携契約書を用いることで、債権的な関係と組織法的な関係を調整することが可能となる。

サンプル

> **第１条　（事業計画の遂行）**
> 借入人および経営株主は、事業計画に定められたプロジェクトを○年○月末日（以下、「プロジェクト終了予定日」という）までに完了するよう最善の努力を尽くすものとする。

事業提携契約書の法的効力は契約書の内容で定まる。具体的な権利義務を調整するために事業提携契約書などを締結した場合、その法的効力は具体的なものになる。一方、当事者間の将来の計画についての意向を文書で確認したものであれば、法的な執行可能性はあまり期待できないことになる。サンプルでは、プロジェクトの完了自体は努力義務とされている。

サンプル

> **第2条　（オブザーバーの指名）**
> 借入人は貸出人グループの請求により、貸出人グループの指名する者1名を借入人のオブザーバーとして扱うものとする。かかるオブザーバーは、借入人の取締役会等経営上重要な会議に出席し、その意見を述べることができる（ただし、かかるオブザーバーは議決権を有しない）。借入人は、かかるオブザーバーに対して、それらの会議の開催日より1週間前までに招集通知を発送しなければならない。

プロジェクトを行う際、投資家は債権者あるいは（少数）株主として参加することになる。このとき、投資家がプロジェクトの運営が適切になされているかを監督し自らの出資を保全するために、プロジェクトの経営に関与を求めることがある。このような場合、当事者間の協定書により、投資家である貸出人などが、プロジェクトの運営主体となる会社の取締役や議決権のないオブザーバーとして取締役会に参加することを定めることができる。

サンプル

> **第3条　（貸出人グループによる事前承認事項）**
> 借入人は以下の事項を決定または承認しようとする場合には、事前に貸出人グループの承認を得なければならないものとする。
> （1）定款の変更
> （2）取締役会規程その他借入人の重要な規程の制定、変更または廃止
> （3）借入人の株式、新株予約権または新株予約権付社債の発行
> （4）合併、株式交換、株式移転、会社分割、営業の全部もしくは一部の譲渡もしくは譲受、または解散

（5）資本減少、法定準備金の減少
（6）重要な財産の処分
（7）配当、中間配当
（8）自己株式の買受
（9）株式の分割または併合
（10）事業計画の修正
（11）［　　］円以上の借入、債務保証その他一切の債務負担行為
（12）［　　］円以上の設備投資その他一切の投資およびかかる投資に係る資産の処分
（13）［　　］円以上の貸付
（14）破産、会社更生手続開始、民事再生手続開始、特別清算開始、もしくはその他の倒産手続開始の申立て

会社の業務執行は、その組織形態に応じて、重要なものについては取締役会などの決議、そうでないものについては代表取締役などの行為により行われ、債権者がこれに関与することはない。しかし、事業やプロジェクトが一定の計画にのっとり行われることを前提に債権者が会社に対して貸出を行う場合に、会社の行為によっては事業やプロジェクトの段取りが大きく影響を受け、債権者の立場が害されることがある。このような事態を避けるために、本来は会社が決定する業務執行事項についても債権者の事前の同意が必要とする条項である。

交渉ポイント

プロジェクトの運営主体となる会社としては、経営の相応の自由度を確保するために事前承認を限定したいところである。プロジェクトの趣旨を厳密に検討して、投資家の利益の保護に必要十分な項目に限定して列挙するように投資家の理解を得るべく交渉する。

サンプル

第4条　（貸出人グループの意思決定およびその行使）

1　貸出人が本協定書に基づき権利を行使すべき事項、または金銭消費貸借契約およびこれに付随する契約上の権利を借入人に対して行使する事項については、貸出割合に基づく議決権数による書面による同意・決議手続により貸出人としての意思決定をなすべきものとし、本協定書に別段の定めがある場合を除き各貸出人は当該意思決定に拘束されるものとする。

2　前項の場合において、前項の意思決定に従い貸出人としての借入人に対する権利行使は貸出人の合意により指名する者が行うものとする。

3　前項の指名を受けた者は貸出人の意思決定に従う限り免責されるものとする。なお、業務遂行において故意または過失ある場合はこの限りでない。

4　第1項に定める貸出人の意思決定に際しては、各貸出人は、あくまで金銭消費貸借契約の各貸出人としての利害関係のみに基づいて誠実に判断し、その意思を表明するものとする。各貸出人が金銭消費貸借契約の各貸出人以外の立場を有していた場合でも、各貸出人は、上記意思決定の判断の際に、各貸出人以外の利害関係に基づく考慮をしてはならない。

一般に各債権者はそれぞれの判断に基づき自らの立場を保全するためにその権利を行使するが、特定の事業やプロジェクトにおいては不都合が生じることがある。ここでは債権者が権利を行使するには債権者間で意思の統一を図ることを定めている。

交渉ポイント

ここでは、貸出人間の意見の調整は「貸出割合に基づく議決権数」によって行われることになる。貸出割合の小さい投資家は、貸出割合の大きい投資家の見解に従わざるを得ない。貸出割合の低い投資家は他の投資家と一般的な利害が一致しているかを確認の上、交渉を進める必要がある。

サンプル

第5条　(報告事項)

借入人は、以下の事項が発生した場合、直ちに各貸出人に当該事項の詳細を報告するものとする。

(1)　災害もしくは業務に起因する重大な損害の発生、またはかかる損害を招来するおそれのある事象の発生

(2)　第三者から借入人に対する、破産、会社更生手続開始、民事再生手続開始、特別清算開始、もしくはその他の倒産手続開始の申立て

(3)　借入人に対する、訴訟、仲裁、調停、強制執行その他司法上または行政上の手続の開始

(4)　借入人の事業計画の実現に変更を招来するおそれのある事項

(5)　借入人の事業、業務、資産、負債、損益の状況、またはその事業の見込みに影響を及ぼすおそれのある事項

(6)　その他貸出人グループが合理的に報告を要求する事項

投資家である貸出人は、プロジェクトの運営主体となる会社の取締役会にてオブザーバーとしてプロジェクトの状況を監督することができたとしても、突発的な事象や緊急を要する事態などにおける投資家の利益の保護についても速やかな対応が必要であり、取締役会を待っていては時機を逸することになる。このような事態を避けるため、ここでは一定の事象についてプロジェクトの運営主体となる会社に積極的な報告義務を課している。

サンプル

第6条　(質問・検査・監査)

各貸出人は、本協定書または自己の借入人に対する金銭消費貸借に基づく権利を確保するため必要があると認めるときは、借入人および経営株

主に対し、その業務または財産の状況に関し報告または資料の提出を求めることができ、質問に対する回答を求めることができる。

プロジェクトの運営主体となる会社に対する積極的な報告義務だけでなく、投資家である貸出人に対して質問や監査を行う権利を認めることで、投資家の利益の保護を図ろうとする規定である。

サンプル

第７条　（取締役会の開催）

借入人は、毎月１回以上定例取締役会を開催し、各取締役による業務執行の状況報告および月次試算表（貸借対照表、損益計算書および資金繰表を含む）の報告を行う。各出席者への招集通知は、会日の１週間前までに発送しなければならない。

取締役会設置会社の場合、会社法上は取締役会を３カ月に１回開催することが求められている（会社法363条２項）。しかし、特定の事業やプロジェクトにおいては取締役会の頻度を法令の規定以上に高めることを当事者間で定め、取締役会のイニシアチブでプロジェクトなどが一定の計画に従い推進されるよう取り計らうことがある。

サンプル

第８条　（契約の終了）

１　本協定書は以下の場合に終了する。

（１）　プロジェクト終了予定日が到来した場合

（２）　本協定書の当事者が本協定書の終了を全員一致で合意した場合

（３）　すべての借入人の貸出人に対する借入れが完済された場合

２　前項１号の場合において、本協定書の当事者の全員一致により、プロジェクト終了予定日の変更を合意することができるものとする。

３　本協定書の終了は将来に向かってのみその効力を生じ、本協定書に別段の定めがある場合を除き、本協定書終了前に本協定書に基づき発生した権利および義務は本協定書終了による影響を受けない。

事業提携では事業が想定したとおりに進まないこともある。そのような場合においても、当事者がいつまでも事業提携契約に拘束され続けることを避けるために、事業提携契約が終了するようにしておくことが必要である。ここでは、プロジェクト終了予定日という一定の期日の到来をもって事業提携契約が終了することを定めている。

サンプル

第9条　（他の契約の制限）
借入人および経営株主は、貸出人以外の第三者との間で、本協定書の内容よりも当該第三者に有利な条件を規定する本協定書と同一または類似の目的を有する契約を締結する場合には、本協定書の規定にかかわらず、その有利な条件を同様に貸出人に与えたものとみなされるものとする。

事業提携契約書で当事者間の関係を定めたとしても、これと矛盾する内容の契約が第三者と結ばれた場合、事業やプロジェクトが計画どおりに進まないことになり、貸出人などの当事者の利益が害されることになる。このような状況を避けるため、事業やプロジェクトに関する同様の契約の締結を制限することがある。

サンプル

第10条　（準拠法）
本協定書に基づき、またはこれに関連して生じる本協定書当事者の一切の権利および義務は、日本国の法律に準拠し、それに従い解釈される。

第11条　（管轄裁判所）
本協定書に基づき、またはこれに関連して生じる本協定書当事者の一切の権利および義務に関する訴訟は、東京地方裁判所を第一審の管轄裁判所とする。

以上の合意の成立を証するため、本協定書○通を作成し、貸出人、借入人および経営株主それぞれ記名捺印の上、各1通を保有するものとする。

年　月　日

貸出人　住所

氏名　印

貸出人　住所

氏名　印

借入人　住所

氏名　印

経営株主　住所

氏名　印

以上

事業提携契約では、その提携に関わるすべての当事者が事業提携契約書の当事者となる必要がある。

第7章　合弁契約書

POINTS

▶合弁契約書（株主間契約書）は、共同で事業を行う目的で新会社を設立する際に使われる契約書である。

▶複数企業が一定の目的（特に建設工事）のために共同企業体を形成する場合、非法人型の共同事業契約が締結される。このような契約は、ジョイントベンチャー契約と呼ばれることが多い。

▶合弁会社の設立にあたっては、株式会社ではなく、LLPが選択される場合もある。株主（出資者）が有限責任か、法人格があるかなど、事業規模や株主の責任形態によって選択する必要がある。

KEYWORDS

【有限責任事業組合／LLP（Limited Liability Partnership)】

有限責任事業組合は、「有限責任事業組合契約に関する法律」に基づき設立される組織であり、法人格を持たず、構成員課税（パススルー課税）される。

【デッドロック（dead lock)】

合弁会社において、株主間の意見が対立し、合弁会社の運営ができなくなる状況を指す。例えばそれぞれ50％の比率で出資して設立した場合には意見の相違が生じる可能性が高い。

【ロシアンルーレット条項】

デッドロック状況を打開する条項の１つ。一方の当事者が株式単価を決定し、他方の当事者に対してその価格で相手方から買い取るか、相手方にその価格で売却させせるか選択を迫ることができる。

【ショットガン条項】

株式譲渡における第三者への譲渡制限を行う条項の１つ。株式譲渡において、第三者に売却したいと申し出た場合、その価格で買い取ることを要求できる。合弁会社の経営が不振で株主が撤退したいと考える場合でも、当初予定していない第三者が新たに株主となることを防ぐことができる。

【ドラッグアロングライト（Drag Along Right）条項、共同売渡請求権】

株主が第三者に合弁会社の株式を売却しようとする場合、他の株主も同一条件で自社の株式を追加して含めることを求めることができる条項。少数株主の保護から認められるとされるが、主要株主が変更される際に少数株主を排除するためにも利用される。

【タグアロングライト（Tag Along Right）条項】

株主が第三者に合弁会社の株式を売却しようとする場合、他の株主が同一条件で自身が有する株式を含めることを求めることができる条項（売却株式数は変わらないため、当初の売却希望株主と他の株主とが出資比率に応じて算定された株数をそれぞれ売却することになる）。

関連法令等

有限責任事業組合契約に関する法律

有限責任事業組合は、個人または法人が出資して、それぞれの出資の価額を責任の限度として共同で営利を目的とする事業を営むことを約し、各当事者がそれぞれの出資に係る払込みまたは給付の全部を履行する。構成員課税の適用を主な特徴とするため、法人税が課税されずに出資者である組合員に対して所得税として直接課税される。法人格はないため、契約当事者の主体とはなれない。

現物出資

資本金として現金以外の現物（工場や機械など）を供すること。資産価値は検査役が決定する（会社法207条）。

契約書条文解説

頭書部分

サンプル

> 合弁契約書
>
> 製造株式会社（以下、「甲」という）と株式会社販売（以下、「乙」という）は、乙が日本国内において展開している衣料および家庭用品販売流通店舗およびオンラインストア（以下、総称して「本店舗」という）において販売するためのアパレルプライベートブランド製品（以下､「本製品」という）を製造するため、新会社を株式会社として日本国内で設立することに合意したので、20XX 年 4 月 1 日（以下、「契約締結日」という）付にて以下のとおり合弁契約（以下、「本契約」という）を締結する。

合弁契約書は、株主間契約書という標題で作成されることも多い。なお、議決権行使契約書（voting agreement）は海外でよくみられる契約であるが、サンプル契約においても議決権行使に関する合意事項を含む合弁契約となっている。例えば、後出する第３条で取締役は甲から１名、乙から２名指名できるとの規定があるが、取締役の選任は本来株主総会で行われる。一方、合弁契約における議決権行使に関する合意によって、それぞれが選任した取締役を反対せずに同意するという合意事項になっている。

サンプル

> **第１条　（合弁会社設立）**
>
> 甲および乙は、甲が有するアパレル製造に関する技術力に基づき、乙の営業力と販売網を生かして、本製品を独占的に製造し、本店舗で独占的

に販売するための新たな株式会社（以下、「合弁会社」という）を共同で設立することにつき合意した。

合弁会社は、法人格がある株式会社として設立される。一方、法人格がない共同事業として、有限責任事業組合の仕組みを利用したり、ジョイントベンチャー（建設業界に多くみられる。企業が契約によって共同して事業を行うこと）で行ったりすることができる。なお、これらを合弁事業とは通常呼んでいない。

サンプル

第2条　(合弁会社の概要)

1　合弁会社の概要は、以下のとおりとする。

（1）　仮称商号：株式会社製造販売

（2）　本店所在地：埼玉県X市、甲の埼玉工場内とする。

（3）　会社目的：アパレル製品販売、製造ならびに付帯関連事業

（4）　資本金：金　　　　　円

（5）　出資比率：甲：40％　　乙：60％

（6）　株式の譲渡制限：合弁会社の承認を必要とする。

（7）　取締役は3名以内、代表取締役は1名とする。

（8）　事業年度：毎年4月1日から、翌年3月31日まで（3月決算）

2　合弁会社の事業は、本店舗で独占的に販売する本製品の製造販売ならびに付帯関連業務とする。

3　甲は、自社の埼玉工場内のB棟において本製品を製造委託の形態により製造する。製造委託の条件は別途甲、乙、合弁会社間で合意されるものとする。

4　乙は本製品を本店舗における主力製品と位置付け、甲乙が別途合意した製造計画に基づき、合弁会社が製造する本製品を全量買い上げるものとする。なお、乙は、不良品など本製品の不適合が生じていない限り返品をしてはならないものとする。

5　商号は甲乙の合意により決定あるいは変更することができる。

本条は、出資比率をはじめとして合弁会社の基本的な枠組みを規定する条項である。会社目的は合弁事業の目的であり、重要な規定となる。製造委託の条件は極めて重要であり、諸条件を別紙に取り決めたり、製造委託契約そのものを別紙に添付することも可能である。会社名は仮称であり、法人登録できない場合は他の商号にしなければならない。

● 第２条バリエーション１（変更条件）：現物出資条項

使い方 サンプル第２条第１項の第９号として以下を追加する

バリエーション

（９）　出資にあたっては、甲は別紙に詳細記載のＡ工場内のＢ棟建物一式ならびに機械を現物出資および現金、乙は現金とする。現物出資の評価は法令に従い行われるものとする。

現物出資は出資額が過大になるなど、評価が簡単でない。評価が不適切であると他の株主との間で不公正が生じるため、裁判所に検査役を選任する申立てが必要になる（500万円以下などの場合は不要）。ここでは、出資額と現物出資財産の価額の差額は現金で行うものとしている。

● 第２条バリエーション２（追加条件）：独占的製造委託条件

使い方 サンプル第２条に以下を追加する

バリエーション

6　乙は、本契約有効期間中、本製品の製造委託を合弁会社以外の第三者に委託してはならないものとする。

合弁会社は、乙が展開する本店舗において販売するプライベートブランド製品を製造販売するが、合弁会社が安定的な経営を行う前提は、乙が合弁会社に本製品の製造の発注を継続して行うことが前提になるため、製造委託条件が独占的であることを確保することは重要である。

交渉ポイント

　合弁会社がプライベートブランド製品の製造を株主である乙から受注するにあたり、価格が合弁会社に不利であると乙が利益を得る構図になる（甲には不利益）。発注側株主にとっては、安く合弁会社から調達できるのであれば、配当などで合弁会社の利益を分配する必要はない（甲には不利益）。したがって、製品の価格決定において、公平なメカニズムを規定することが必要となる。製品の価格を決定する方法として、かかったコストに一定の利幅を加えた金額を価格とする「コストプラス（原価加算法）」や、総費用に対して目標とする投資収益率（ROI）を実現できるよう価格を設定する「目標利益法（目標収益法／損益分岐点法）」がある。

● 第2条バリエーション3（追加条件）：競業避止条件

使い方 サンプル第2条に以下を追加する

バリエーション

> 6　本契約当事者は、本契約有効期間中、本製品と競合する事業を行ってはならない。

　第2条バリエーション2は、本製品の製造委託を合弁会社以外の第三者に発注してはならないとすることで合弁会社のビジネスを確保しているが、本バリエーションでは合弁会社の当事者に合弁会社と競合する事業を行わせないことによって、成功の阻害要因を事前に排除することができる。なお、競業避止条件には私的独占の禁止及び公正取引の確保に関する法律（独占禁止法）の規制があることに注意する。また、条件によっては地理的範囲を狭めることができる（条件の例：沖縄は輸送費が高く、カバーエリアが狭いので範囲から外す）。

サンプル

第３条　（取締役）
合弁会社の取締役として、甲は取締役１名、乙は取締役２名を指名できる。代表取締役は、乙が指名した取締役から選任されるものとする。合弁会社は取締役会を設置しない。

本合弁会社は、取締役会、監査役設置会社ではない。取締役の人数、代表取締役の人数など、合弁契約書による規定がない場合は法令および定款どおりとなる。さらに、特別決議の規定はあるものの、資本多数決の原理が働くことになる。

● 第３条バリエーション（変更条件）：取締役会・監査役設置会社、過半数決議要件、書面決議条項

使い方　サンプル第３条を変更する

バリエーション

第３条　（取締役等）
１　合弁会社は取締役会を設置する。合弁会社の取締役は３名とする。甲は取締役１名、乙は取締役２名を指名できる。代表取締役は、乙が指名した取締役から選任されるものとする。合弁会社の取締役会の決議は、出席する取締役の過半数をもって行う。取締役会は書面決議で行うことができる。
２　合弁会社の監査役は１名とし、甲が指名できる。

定款に定めることにより、取締役会に出席する取締役の数および決議要件を加重することができる。また、書面決議で行うこともできる。さらに、取締役会決議事項を規定しない場合は会社法どおりとなる。本バリエーションでは、少数株主の甲が監査役を指名できることとして、乙が代表取締役を指名できることとすることで、バランスをとっている。

サンプル

第４条　（新株引受権）
合弁会社において、増資の決議がなされたときは、甲ならびに乙は合弁会社の出資比率に応じて新株引受権を有するものとする。

従来の商法で規定されていた新株引受権の規定は廃止され、現行の会社法では、株主割当増資として、「会社が募集株式を発行する基準日に株主である者のみ」が行使できる権利が規定されている。なお、新株予約権はいずれ発行される新株を予約する権利であり、役員や従業員のためのインセンティブとして使用されるほか、買収防衛策としての「ポイズンピル」として使用される。第三者株式割当によって株式数が増加し、株主構成が変化し、既存株主は希薄化により持株比率が低下する。

サンプル

第５条　（資金）
１　合弁会社において資金調達の必要が生じたときは、合弁会社は、自己の能力と責任において資金調達するものとする。
２　前項にかかわらず、自己の能力と責任において資金調達できない場合、出資割合に応じて合弁会社に融資あるいは債務保証して資金調達を援助する。

合弁会社の資金（運転資金、設備投資資金など）は、資本金によって賄えない場合には銀行などの金融機関から調達することになるが、株主保証がなく借入れすることは困難である。

交渉ポイント

合弁会社の少数株主としては、日々の事業における決定権がなく、重要事項について拒否権はあるものの、資金調達責任における少数株主として借入保証することはできないとして、第２項については責任免除してもらう交渉が行われる。

サンプル

第６条　（知的財産権の帰属）

1　本製品の発明および考案に係る特許権等を受ける権利、本製品に関する創作物および成果物に関わる著作権、その他一切の知的財産権は合弁会社が有するものとする。

2　本製品の知的財産権について甲ならびに乙がその使用許諾を受けたい場合、別途合弁会社の許諾を受けるものとする。

3　合弁会社による本製品の製造販売にあたり、必要となる甲所有の知的財産権がある場合、甲は合弁会社に対して知的財産権を本契約有効期間中無償で許諾するものとする。

乙は、合弁会社によって製造されるプライベートブランド製品である本製品を独占的に本店舗にて販売するのであるが、乙の知的財産権の最適な管理と合弁会社を含むグループ会社における知的財産権の使用ルール策定が重要となる。サンプル契約では、甲から合弁会社に対する知的財産権の使用については、無償条件となっているが、これを有償に変更する場合は甲が配当以外で利益を回収する手段になるので注意すべきである。

サンプル

第７条　（株式譲渡）

甲ならびに乙は、相手方の書面による事前同意なしに合弁会社の株式の全部または一部を譲渡することはできない。

合弁会社においては、本来株式を譲渡することを認める前提にはない。しかし、一切株式譲渡による撤退が認められないというのは硬直的であり、本条では、「株式の全部または一部」の譲渡を禁止して、相手方の承認を必要としている。一部譲渡が認められた場合、株主数が増えることになり、既存株主が新株主の議決権を行使するという議決権行使合意書がない限り、合弁契約書は機能しなくなるため一部譲渡を認めない判断もある。なお、株式譲渡が承認された場合には新たな株主間で合弁契約書を締結する必要がある。

● 第7条バリエーション（追加条件）：ショットガン条項

使い方 サンプル第7条に追加する

バリエーション

> 合弁会社の株式の全部または一部譲渡を希望する株主（以下、「申立人」という）は、他の株主（以下、「相手方」という）に対して株式譲渡を希望する譲渡先、譲渡株式数ならびに1株当たりの価格を書面で通知する。相手方は、通知受領後30日以内に当該株式を同価格で譲渡対象となる株式全部を購入することを希望する場合、申立人にこの旨を通知し、当該株式を通知価格で譲り受けることができる。この通知がなされない場合、申立人は通知した譲渡先に通知価格で通知した全株につき譲渡できる。

譲渡を希望する株主は、不当に低い価格を提示すれば、相手方に購入されてしまうことになるので、本条はフェアなエクジット条項（撤退条項）となる。なお、会社に残る株主が離脱する株主の株式を買い取ることをコールオプションと呼び、離脱する株主が残る株主に株式を売りつけることをプットオプションという。

サンプル

> **第8条　（重要事項）**
> 合弁会社の経営に関して、以下に属する事項については相手方の承認を取得するものとする。本条において重要とは1件（あるいは1契約）当たり金1千万以上とする。
> （1）　合併、株式交換、株式移転、会社分割
> （2）　事業譲渡、事業譲受
> （3）　新株、新株予約権または社債の発行
> （4）　資本金の変更

（5）　定款の変更
（6）　重要な投資
（7）　執行役員の人事
（8）　重要な借入れ
（9）　決算の承認
（10）　予算の作成
（11）　重要な契約
（12）　余剰金の配当
（13）　会社の清算

本条では、特別決議、普通決議などの法定による決議要件を考慮して少数株主の保護をするために一定の事項について共同して決定することを取り決める規定である。大株主としては、できるだけ相手方が拒否権を持つ事項を少なくしたいと考え、少数株主としては、拒否権をできるだけ多くしたいと考える。少数株主には拒否権を持たせない判断もある。拒否権を与えることによってデッドロック状態を生み出す原因になることを想定せねばならない。

☞ 実務アドバイス

定款に定めることで、取締役会の決議要件を加重することはできる（会社法369条１項）。

サンプル

第９条　（デッドロック）
１　甲および乙は、本契約第８条の重要事項の決定に関して見解の相違が生じ、かつ、協議開始から30日経過してもかかる状態が解消されない場合、他方当事者に対し、合弁会社の解散を請求することができる。
２　前項の場合、相手方当事者が合弁会社の解散を望まない場合、当該当事者は、解散請求をした当事者が保有する合弁会社株式を自ら買い取るか、第三者をして買い取らせることができる。合弁会社株式の買取価格は、甲乙が協議して同意する大手公認会計事務所の評価額によるものとし、この評価額に異議を唱えない。

デッドロックとは、事業経営において身動きがとれない状況を指す。拒否権を株主に与えることによってこのようなデッドロックが生じる可能性は高まる。

サンプル

第10条　（事業の見直し）
合弁会社の累積損失が金１億円を超えた場合、当事者のいずれか合弁会社の事業を引き継ぐことを希望しない限り、合弁会社は清算されるものとする。

合弁事業が長く継続する保証はないため、一定の事由により事業撤退条件を定めておくことが行われる。合弁事業が開始されると、解消については株主間で合意に達することがなかなか難しい。また、損失が確定してしまうので損失を発生させたくないという時期や事情もある。そこで事前に事業の見直しを行う基準を合意しておくことが重要である。

●第10条バリエーション１（変更条件）：複数条件による事業見直し条項

使い方　サンプル第10条を変更する

バリエーション

第10条　（事業の見直し）
以下の事態が生じた場合、合弁会社は当事者のいずれかが合弁会社の事業を引き継ぐことを希望しない限り、合弁会社は清算されるものとする。
（１）　累積損失が金１億円を超えた場合
（２）　当事者のいずれかが本契約の条項に重大な違反をした場合
（３）　合弁会社の株主の支配権が変更された場合

（4）　その他合弁会社の事業を継続することが困難な事態が生じた場合

本契約においては、事業目的は一方の当事者の販売店において販売するプライベートブランド製品であることが明確になっており、プライベートブランド製品取扱いが終了したり、販売店が日本全体で閉店したような場合は合弁契約を終了することになる。なお、このような場合には工場継続使用にメリットがあるといった場合を除いて一方の株主が事業継続を希望することはないと考えられる。

● 第10条バリエーション２（追加条件）：解除時の取扱規定

使い方　サンプル第10条に追加する

バリエーション

合弁会社が解散された場合、乙は本製品の日本における顧客に対するアフターサービスならびに製品保証を甲乙が合意された期間行うものとし、この費用については解散に際して残余財産の分配金に考慮される。

一例であるが、解散に際しての合弁会社の財産（知的財産権を含む）・ライセンス・在庫・製造設備・顧客等の処理について取り決めることができる。

サンプル

第11条以降　一般条項

［省略］

以上、本契約締結の証として本書２通を作成し、各々その１通を保有する。

第8章　和解契約書

POINTS

▶ビジネスの現場ではさまざまなトラブルが発生し、これらの解決交渉が成立した場合に和解契約書を締結することがある。和解契約書の作成では、①紛争の経緯（過去）、②紛争の現状（現在）、③和解後のリスク（将来）を視野に入れる必要がある。

▶和解の相手方と今後も契約関係が存続する場合は、清算・終了する範囲の設定が重要になる。

▶和解交渉では、すでに紛争が存在しており、利益の対立状況も明確化してくる。そのため、和解交渉が成立しない（和解契約書が締結できない）ケースも視野に入れる必要がある。

▶和解交渉の担当者と決裁者との間で迅速な連携ができる状況にしておく必要がある。社内決裁に時間を要したり、和解条項で大幅修正を繰り返していると、紛争の継続・拡大のリスクがある点に注意が必要である。

KEYWORDS

【和解契約】

すでに法律関係が存在する当事者が互いに譲歩して、当事者間に存在する争いをやめる合意をする契約（民法695条）をいう。

【和解条項】

和解契約書に盛り込む条項であり、基本的な条項としては、①給付条項（契約の一方当事者が相手方に対して特定の給付をすることを内容とする条項）、

②確認条項（特定の権利や法律関係の存在・不存在を確認することを内容とする条項）、③清算条項（和解の当事者間の法律関係の終了・清算を明確化するために、和解成立時点において、和解内容で定めた事項以外の債権債務関係が存在しないことを確認する条項）がある。

関連法令等

債務名義

給付義務を強制執行手続によって実現できる法的効力を執行力という。この執行力を有する証書一般を債務名義（民事執行法22条）という。裁判における確定判決や和解調書は債務名義の代表例である。

裁判上の和解

裁判における和解としては、①訴訟上の和解（訴訟係属中において、当事者双方が権利または法律関係について互いの主張を譲歩し、それに関する一定内容の実体法上の合意と、訴訟終了についての訴訟において合意すること－民事訴訟法89条、267条）と、②訴え提起前の和解（訴訟係属を前提としない簡易裁判所に専属管轄がある裁判上の和解をいい、公正証書では債務名義にならない土地や建物の明け渡しで利用され、「即決和解」ということもある－同法275条）がある。

契約書条文解説

頭書部分

サンプル

和解契約書

株式会社甲（以下、「甲」という）と有限会社乙（以下、「乙」という）は、甲と乙との間の2020年○月○日付○○契約書で定めた契約（以下、「原契約」という）の終了に関する事項（以下、「本件」という）について、本日、以下のとおり合意した。

頭書部分では、和解対象となる紛争を「本件」と定義している。和解の対象を特定し、どの範囲で権利義務関係を清算するかを明確化するために和解対象の特定は必須である。和解契約書を締結した後も、当事者間の契約関係が存続したり、未清算部分が残るのであれば、どの範囲を「本件」と規定するのかを慎重に定義する必要がある。

実務アドバイス

サンプルでは、和解契約書の前提となる原契約の契約書が作成されている場合を想定している。原契約の契約書が作成されていない場合には、①注文書や請書により契約内容を特定する方法、②当事者間の紛争内容を日時・場所等で特定する方法がある。原契約の契約書により紛争が特定できない場合は、頭書部分バリエーション（変更条件）を参照。

● 頭書部分バリエーション（変更条件）：和解対象の特定

使い方　サンプル頭書部分を以下のとおり変更する

バリエーション

和解契約書

株式会社甲（以下、「甲」という）と有限会社乙（以下、「乙」という）は、次に掲げる事項（以下、「本件」という）について、本日、以下のとおり合意した。

〔対象事項〕甲の乙に対する○年○月○日付注文書に基づく○○業務（以下、「本件業務」という）の一部終了および内容変更

ここでは〔対象事項〕を注文書により特定したが、当事者間で契約関係が存在しない場合の紛争（事故等の不法行為）では「○年○月○日に◇◇の場所において発生した○○に関する事故」のように規定する方法がある。

サンプル

第1条　（和解内容）

1　甲および乙は、本件について以下のとおり合意する。

1）原契約の不履行による損害賠償金として甲が乙に金○○円の支払義務があること

2）原契約を2020年5月末日付で合意により終了すること

3）……

2　甲は、本条第1項1）の損害賠償金を、乙に対し、2023年5月末日限り、乙の指定する以下の口座に振り込む方法で支払う。振込費用は甲の負担とする。

○○銀行○○支店

普通預金口座（口座番号○○○○）

名義人　□□□□

第1項第1号および第2号では「原契約」としているが、「頭書部分」におけるバリエーションの場合は「本件業務」とする。第1項第1号では損害賠償金と規定したが「解決金」と規定する方法もある。金銭が絡む場合は、税金上の取扱いを事前に確認しておく。また、支払が遅延した場合のペナルティ（遅延損害金、期限の利益喪失等）も規定することがある。なお、原契約を終了する際、すでに受領済みの金銭がある場合は返還等の取扱いを規定する。

実務アドバイス

和解契約の場合は「契約の終了」を伴うことが多い。その場合、既存の契約書における解除条項に該当するかを事前に確認しておく必要がある。和解契約書の交渉が不成立になった場合を想定し、原契約を解除する法的根拠や解除権行使の方法を検討しておく必要があるためである。

● 第１条バリエーション１（追加条件）：和解の経緯

使い方 サンプル第１条に以下のとおり追加する

バリエーション

> 3　甲および乙は、本和解契約書に定める内容について、○年○月以降に交渉を行い、当該交渉において紛争の内容を確認するとともに、双方で趣旨の説明を行い、必要に応じて資料提示を行う方法で本和解の内容を合意し、事前に和解契約の締結権限が相互にあることを確認した。

和解契約書の中で和解に至る経過を規定することがある。和解契約の解釈や有効性をめぐって当事者で共通認識を持ち、それを記録化するためである。もっとも、和解の当事者にはそれぞれの立場・言い分がある上、和解経過の文言をめぐって和解契約自体が不成立となることを避けるため、規定する場合でも簡潔な記載にとどめることが多い。

● 第１条バリエーション２（変更条件）：和解時における支払

使い方 サンプル第１条第２項を変更する

バリエーション

> 2　甲は、本条第１項１）の損害賠償金である○○円を、本和解の席上で乙に支払い、乙はこれを受領した。

交渉ポイント

金銭の支払を受ける立場にある当事者は、支払が不履行になった場合の対応を視野に入れる必要がある。強制執行を視野に入れて公正証書の形式で和解契約書を作成する方法もあるが（公正証書については第１編第10章参照）、最も確実な方法は和解時に支払を受ける方法である。

● 第１条バリエーション３（変更条件）：分割支払

使い方 サンプル第１条第２項を変更する

バリエーション

２　甲は、本条第１項１）の損害賠償金である○○円を、以下のとおり分割して支払う。甲が、以下の分割金の支払を１回でも怠ったときは、当然に期限の利益を失い、残額を直ちに一括して支払う。

①　2023年１月から2024年６月まで毎月末日限り○円ずつ

②　2024年７月末日限り○円

分割により支払を受ける方法である。期限の利益喪失については、「分割金の支払を２回以上怠り、その額が○円に達したときは、当然に期限の利益を失い」のように規定する方法もある。

☞ 実務アドバイス

金銭の支払を受ける立場にある当事者は、期限の利益喪失に関する条項、具体的には①期限の利益を喪失する場面の特定、②期限の利益喪失に要する手続、に留意する。分割金の支払方法の観点では、第１回の金額を高めに設定する方法、第１回目の支払を和解の席上で行う方法（バリエーション２参照）も検討する。

サンプル

第２条　（和解に伴う合意事項）

１　甲および乙は、第１条に定めるほか、以下を合意する。

１）甲に対し、別紙物件目録記載の商品を、甲の○○工場（○県○市１－１－１）に持参する方法で引き渡す。この引渡しに要する費用は乙の負担とする。

２）……

２　乙は、甲に対し、前項の商品に関する資料を本日までにすべて返却したことを保障する。

和解契約書の締結にあたっては、①すでに相手方から履行された部分、②和解契約書の締結後に履行を求める部分を明確化しておく必要がある。①については、和解契約書締結後に瑕疵（契約不適合）が発見された場合の対応が問題となる。②については、履行を強制する方法や不履行の場合のペナルティが問題となる。

対象物は正確に特定する必要がある。不動産・動産等で図面や資料を用いて和解の対象物を特定する場合、「本契約書の別紙目録で定める……」のように別紙で記載する形式をとることがある。修理工事等では「別紙工事仕様書のとおり修理工事をする。」のように規定し、仕様書を別紙とする方法もある。

実務アドバイス

和解契約書の作成では、現に発生している紛争の解決方法を検討し、それを法的な権利と義務の関係に整理することになる。そして、「現在の紛争」を正確に把握するためには「過去」の契約書や紛争経緯の確認が必要である。また、和解内容を検討する際には「将来」の紛争を視野に入れる必要がある。整理方法としては以下がある。

過去	既存の契約関係 ①基本契約書 ②個別契約書 ③覚書等	契約関係の関係者 ①契約当事者 ②外部委託	入手情報 提供情報 情報処理の委託
現在	現在進行形の紛争 ①契約の履行状況 ②紛争の内容	紛争当事者 ①和解契約者 ②紛争関与者	情報の所在 インターネット上の投稿 返却・廃棄・削除
将来	想定される紛争 ①和解内容の不履行 ②和解対象外･未清算事項	和解後の関与 ①役員・従業員 ②行政官庁（手続）	情報の流出・不正利用 競業禁止

交渉ポイント

和解に伴う合意条項を定める場合には、原契約の契約書の規定を前提にする方法が効率的である。他方、原契約や一般的な契約書のひな型にない条項を提案する場合は、和解契約書の交渉が難航する可能性があるので早目の提案が必要である。いずれの場合でも、原契約における契約書の内容を精査しておく必要がある。

● 第2条バリエーション1（追加条件）：原契約の変更

使い方 サンプル第2条に以下のとおり追加する

バリエーション

> 3　甲および乙は、原契約の契約書（○年○月○日付○○契約書）を以下のとおり変更し、同変更を○年○月○日から適用することに合意する。
>
> 1）……
>
> 2）……

和解契約書の締結後も、原契約を変更して契約関係を存続させる場合がある。ここでは和解契約書で変更内容を規定しているが、大幅な変更がある場合には、あらためて締結する方法もある。変更がない場合には「変更がない」ことを規定して、原契約が存続することを確認する方法もある（第4条バリエーション（原契約の取扱い）参照）。

☞ 実務アドバイス

請負工事等の作業を行う旨の条項（作為義務を定める条項）は、義務者が履行しない（履行できない）場合を想定し、義務違反を明確化しておく。他者に義務内容を実現させる代替執行（民事執行法171条）を実施する場合にも義務内容は具体的に特定しておく必要がある。

● 第2条バリエーション2（変更条件）：合意事項の列挙

使い方 サンプル第2条を以下のとおり変更する

バリエーション

> **第2条　（和解に伴う清算事項）**
> 甲および乙は、第1条に定めるほか、本和解に伴って別紙の事項を合意する。
>
> 〔別紙〕
> ①　商品の引渡しについて
> ②　行政等に対する諸手続や書類発行等について
> ③　情報・書類の返却方法について

給付条項では「支払う」「明け渡す」「引き渡す」が一般的である。他方、「登記手続をする」「○○に必要な許認可手続をする」「○○に提出する必要書類を発行する」など、和解契約の当事者以外の機関（第三者）が関与する手続や書類等を規定する場合には、和解契約書の内容（和解契約書の条項で必要事項が網羅されているか）やスケジュール、費用を事前に確認する必要がある。和解条項にある手続や書類だけでは必要手続が実現できない場合、相手方に和解契約書にない追加行為を要求しても拒否される可能性があるからである。

☞ 実務アドバイス

特定の給付については、第1条の損害賠償金（解決金）の支払を条件とすることがあるが、実際に条項化するのは手間がかかる。この点、裁判上の和解における給付条項は強制執行を意識して作成され、条項の表現自体も練られている。そのため、実務で、和解契約書の条項を起案する際には、裁判所職員総合研究所監修『書記官事務を中心とした和解条項に関する実証的研究〔補訂版・和解条項記載例集〕』（法曹会、2010年）を参考にすることも多い。

サンプル

第３条　（本件に関するその他の請求）
甲および乙は、本和解契約書に定めるもののほか、相手方に対し、本件に関して何らの金銭請求その他の要求行為をしないことを約束する。

サンプルにあるような条項で和解対象（和解契約書で「本件」と規定する部分）について、和解契約書に定める以外に要求行為をしないことを明確化しておくことがある。裁判上の和解では「請求放棄条項」として一般的な規定であるが、裁判外の和解で清算条項を設ける場合は省略されることもある。

● 第３条バリエーション（変更条件）：関係者に対する要求行為

使い方　サンプル第３条を以下のとおり変更する

バリエーション

第３条　（本件に関するその他の請求）
甲および乙は、本和解契約書に定めるもののほか、相手方およびその関係者（役員および従業員）に対し、本件に関して何らの金銭請求その他の要求行為をしないことを約束する。

和解契約書の当事者になっていない者に対する請求も防止し、包括的解決を図る趣旨の条項である。清算条項を設けた場合でも契約当事者以外への請求を完全に遮断できるものではない。そのため、近時は、ハラスメントなど個人間の紛争に発展する可能性がある場合にはこのような条項を設けることがある。ここでは「関係者（役員および従業員）」としたが、対象を特定するために具体的な役職・氏名まで規定することもある。

実務アドバイス

このような条項を設けても、和解契約の当事者以外でない者（第三者）からの請求を完全に遮断できないことがある。和解契約書の当事者として加える方法もあるが、かえって紛争が現実化して「寝た子を起こす」結果にもなりかねない。そのような場合は、和解契約書において第三者からの請求等があった場合の当事者の対応義務や費用負担を規定する方法を検討する。

サンプル

第4条　（原契約の取扱い）
甲および乙は、原契約の契約書（○年○月○日付○○契約書）の第○条（守秘義務）に基づく誓約事項および第○条（専属的合意管轄）が、本和解契約書の締結後も有効であることを確認する。

第6条の清算条項を設けると原契約における権利・義務関係が清算される。このような清算の対象から除外するために第4条のような条項を設けることがある。そのための前提作業として、原契約で存続させる条項を抽出するとともに、原契約の条項とは別途で規定（合意）しておくべき事項があれば、その点も追加しておく必要がある。原契約が存在しない場合は、第2条（和解に伴う合意事項）で規定することになる。

守秘義務条項の存続を定めても、すでに一定の情報をやりとりしている場合は、情報自体の返却をさせたところでノウハウや人脈を完全に消去・放棄させることは難しい。和解契約書の締結に伴って原契約も終了となる場合（今後の契約関係が存続しない場合）には、漏えい防止や競業禁止の条項を第2条（和解に伴う合意事項）で規定することが重要になる。

● 第4条バリエーション（追加条件）：原契約の維持

使い方　サンプル第4条を以下のとおり変更する

バリエーション

第4条　（原契約の取扱い）
甲および乙は、本和解契約書に定めのない事項は、原契約に定めるとおりであることを確認する。

和解契約書の締結後も従前どおりの契約関係を存続させる場合の規定例である。ここでは「原契約」と規定しているが、存続させる内容を基本契約書や取引約款などに限定する場合には、書類名（タイトル）や締結（作成）日付で特定して「原契約」と置き換える。

サンプル

第５条　（口外禁止等）
１　甲と乙は、本和解契約書の内容および本和解に至る経緯について、正当な理由のない限り第三者に開示や口外しないことを相互に約束する。
２　甲と乙は、本件に関し、その方法のいかんを問わず相手方を誹謗中傷しないことを約束する。

第１項の口外禁止の例外である「正当な理由」については具体的に記載する方法でもよい。この例外事由は、原契約の契約書で守秘義務の条項が設けられている場合は、当該条項にある表現を流用するかも検討する。第２項では「誹謗中傷」としたが具体的な行為を規定する方法もある。和解契約時にすでにインターネット上に不利益な記載がなされている場合は削除義務を規定する必要があるため、事前にインターネット上の記載・投稿を確認しておく必要がある。

●第５条バリエーション（追加条件）：行政機関等に対する要請行為

使い方　サンプル第５条に以下のとおり追加する

バリエーション

３　甲および乙は、本件は本和解契約書の締結によって解決したものとし、本件について刑事処分や行政処分を求めないことに合意する。

ビジネス上のトラブルが刑事処分や行政処分の契機となることが懸念され

る場合がある。そのようなケースでは、和解契約書の締結後に上記処分を求めないことを規定しておくことがある。

☞ 実務アドバイス

第3項の規定例では、和解契約書の内容が確実に履行されることを条件とすることが多い。その場合には「本件は本和解契約書の締結によって解決したものとし」の部分を以下のように規定する。

〔和解契約全体の履行を条件にするパターン〕

「本和解契約書に定める内容を○○までに相手方が履行する場合は」

〔特定の条項の履行を条件にするパターン〕

「本契約書第○条に定める内容を相手方が履行した場合は」

サンプル

> 第6条　（清算条項）
> 甲と乙は、甲と乙との間には、本件に関し、本契約書に定めるもののほか、何らの債権債務がないことを相互に確認する。

「本件に関し」という条項を設けずに、一切の清算を行う条項を「完全清算条項」という。もっとも、完全清算条項の条項を設けても、清算対象を、和解時点で通常予測できる範囲の紛争に限定して解釈される可能性がある。想定される紛争を清算対象に例示するなどして、清算対象に漏れがないようにする必要がある。

☞ 実務アドバイス

和解契約書を公正証書の形式で作成する場合は、事前に公証役場と協議し、必要書類や費用を確認しておき、事前に資料確認や費用負担を協議しておく必要がある。また、印紙税についても事前に確認しておくべきである（公正証書については第1編第10章参照）。

なお、和解においては、互譲が必要であり、細かな部分にかかわって和解不成立となると法的紛争が深刻化・拡大する可能性がある。相手方にも立場・理屈があり、自社の理屈や法的見解を繰り返し主張したから「和解成立」となるというものではない。現場サイドでは、和解契約によって次のビジネスに進みたがっていることが多く、法務としてはスケジュール感と落とし所の見極めが重要である。

第9章　反社会的勢力排除に関する覚書

POINTS

▶暴力団排除条項（以下、「暴排条項」という）は、表明・確約条項、無催告解除条項、禁止行為条項、損害賠償条項、責任免除条項等で構成される。暴排条項は相手方が表明・確約に違反した場合に契約関係を解消するものであるため、表明・確約条項と無催告解除条項は暴排条項に欠かせないものである。

▶暴排条項は、契約書や取引約款の条項の１つとして規定される場合のほか、誓約書や既存契約の覚書として別に取り交わされる場合もある。本章では覚書の形式を扱うが、基本的な内容は他の形式を使用する場合と同様である。

▶暴排条項がない場合には、契約中の解除条項による解除、合意解除、期間満了による契約関係の解消（更新の拒絶）、錯誤（民法95条）や詐欺（同法96条）による取消し等によって契約を解除できないかを検討する必要がある。しかし、これらの方法による場合には迅速な関係解消が難しいこともあるため、事前に暴排条項を導入しておくことが望ましい。

KEYWORDS

【反社会的勢力】

政府が平成19年６月19日に公表した「企業が反社会的勢力による被害を防止するための指針」（以下、「政府指針」という）は、「暴力団を始めとする反社会的勢力」を「暴力、威力と詐欺的手法を駆使して経済的利益を追求する集団又は個人」と定義し、「『反社会的勢力』をとらえるに際しては、暴力団、暴力団関係企業、総会屋、社会運動標ぼうゴロ、政治活動標ぼうゴロ、特殊知能暴力集団等といった属性要件に着目するとともに、暴力的な要求行為、法的な責任を超えた不当な要求といった行為要件にも着目することが重要である」と指摘している。したがって、反社会的勢力の該当性を判断する際には属性要件と行為要件の両方を考慮して判断する必要がある。なお、政府指針に例示されている属性要件の一部は、「組織犯罪対策要綱の制定について（通達）」（令和２年４月１日付警察庁丙組企発第23号等）（以下、「組織犯罪対策要綱」という）で定義を確認することができる。

上記の反社会的勢力と取引を継続する場合には、「暴排条例の利益供与禁止規定に違反するリスクのみならず、取引先から契約を解約されるリスク、取引等をしている反社会的勢力から不当要求や恐喝を受けるリスクなど、さまざまなリスクが生じる可能性がある[1]」と指摘されている。暴排条項を導入していない場合には、これらのリスクを回避するためにも暴排条項の導入を早期に検討する必要がある。

【暴排条項】

暴排条項は、表明・確約条項や無催告解除条項等から構成されており、取引相手が反社会的勢力であることがわかった場合などに契約を解除できることを定めた条項である。なお、政府指針では、「契約自由の原則が妥当する私人間の取引において、契約書や契約約款の中に、①暴力団を始めとする反社会的勢力が、当該取引の相手方となることを拒絶する旨や、②当該取引が開始された後に、相手方が暴力団を始めとする反社会的勢力であると判明した場合や相手方が不当要求を行った場合に、契約を解除してその相手方を取引から排除できる旨を盛り込んでおくことが有効である」と暴排条項の有効性が指摘されている。

1　長崎県弁護士会民事介入暴力被害者救済センター運営委員会編『Ｑ＆Ａ企業のための反社会的勢力排除実践マニュアル』（商事法務、2016年）５頁

【表明・確約条項】

暴排条項における表明・確約条項とは、契約の相手方に対して、自己が暴力団を始めとする反社会的勢力ではないことや反社会的勢力とは関係がないことを表明し、確約する条項をいう。

【無催告解除条項】

暴排条項における無催告解除条項とは、相手方が表明・確約条項等に違反した場合に無催告で契約を解除できることを定める条項をいう。

関連法令等

政府指針

反社会的勢力による被害を防止するための理念や具体的な対応をまとめたものである。基本原則の１つとして「取引を含めた一切の関係遮断」を掲げている。また、暴排条項との関係では、平素からの対応の１つとして「反社会的勢力が取引先や株主となって、不当要求を行う場合の被害を防止するため、契約書や取引約款に暴力団排除条項を導入する」ことをすべての企業に求めている。なお、政府指針に法的拘束力はないとされるが、政府指針の解説[2]には「本指針策定後、例えば、取締役の善管注意義務の判断に際して、民事訴訟等の場において、本指針が参考にされることなどはあり得るものと考えている（例えば、東証一部上場のミシン等製造販売会社の取締役に対する損害賠償請求訴訟における最高裁判決(平成18年４月10日)が参考となる)」との記載があるので注意する必要がある。

暴力団排除条例

暴力団排除条例（以下、「暴排条例」という）とは暴力団の排除を目的とする地方公共団体の条例であり、平成23年10月までにすべての都道府県にお

2　法務省ウェブサイト・犯罪対策閣僚会議幹事会申合せ「企業が反社会的勢力による被害を防止するための指針に関する解説」（平成19年６月19日）（https://www.moj.go.jp/content/000061959.pdf）

いて施行されている[3]。都道府県により内容の違いはあるが、利益供与の禁止や不動産の譲渡等をしようとする者の講ずべき措置等が定められている。

賠償額の予定　民法420条

当事者は債務不履行時の損害賠償の額をあらかじめ契約で定めることができる。これを損害賠償額の予定という（民法420条１項)。損害賠償額の予定を定めることで、債権者は損害の発生や損害金額を証明しなくとも予定した損害賠償額を請求でき、また債務者は負担する損害賠償額を事前に把握することができる。

契約書条文解説

頭書部分

サンプル

> 反社会的勢力排除に関する覚書
>
> ○○○株式会社（以下､｢甲（＝買主)」という）と△△△株式会社（以下、「乙（＝売主)」という）とは、令和○年○月○日付で締結した○○契約（以下、「原契約」という）に関し、次のとおり本覚書を締結する。

サンプルは売買当事者間に交わされた特定の契約（例えば取引基本契約書など）に暴排条項を追加することを想定しているため、対象となる既存契約を特定できるように「令和○年○月○日付で締結した○○契約」と頭書中に記載している。このように頭書中で既存契約を特定するのではなく、本文中に適用範囲に関する条項を盛り込み特定することもある。

3　警察庁組織犯罪対策部「令和４年における組織犯罪の情勢【確定値版】」(令和５年３月)　30頁（https://www.npa.go.jp/sosikihanzai/R04sotaijousei/R4jousei.pdf)

実務アドバイス

政府指針公表以降、警察[4]や全国銀行協会[5]、日本建設業連合会、不動産流通４団体[6]等の業界団体が暴排条項のモデルを公表している。事業者が暴排条項を導入する際にはこれらのモデルを参考とすることができる。

実務アドバイス

サンプルでは表題を「反社会的勢力排除に関する覚書」としているが、表題により法的拘束力の有無が変わるわけではないため、例えば「覚書」の部分を「契約書」へと変更したり、表題に「覚書」とだけ記載したりすることもできる。なお、実務上、既存契約に暴排条項を追加する場合には、サンプルのように「○○覚書」という表現を使用していることが多いように思われる。

● 頭書部分バリエーション（変更条件）：覚書の適用範囲を変更

使い方 サンプル頭書部分の一部を変更する

バリエーション

反社会的勢力排除に関する覚書

○○○株式会社（以下､「甲（＝買主)」という）と△△△株式会社（以下､「乙（＝売主)」という）とは､甲乙間で締結されたすべての契約（本覚書の締結以前に締結された契約を含み、以下、「原契約」という）に関し、次のとおり本覚書を締結する。

4　大阪府警察ウェブサイト（https://www.police.pref.osaka.lg.jp/）などで暴排条項のモデルを確認することができる。

5　一般社団法人全国銀行協会「別紙１　銀行取引約定書に盛り込む暴力団排除条項参考例の一部改正」（https://www.zenginkyo.or.jp/fileadmin/res/news/news230602_1.pdf)､「別紙２　当座勘定規定に盛り込む暴力団排除条項参考例の一部改正」（https://www.zenginkyo.or.jp/fileadmin/res/news/news230602_2.pdf)

6　国土交通省「不動産流通４団体による、不動産取引からの暴力団等反社会的勢力の排除に向けた取組について（暴力団等反社会的勢力の排除のためのモデル条項の導入)」（https://www.mlit.go.jp/totikensangyo/const/sosei_const_fr3_000013.html)

当事者間で過去に締結された契約が複数ある場合、契約ごとに覚書で暴排条項を追加するのは手間と時間がかかる上、後日に暴排条項が追加されていない契約が見つかる可能性もある。そこで、バリエーションでは、甲乙間で締結されたすべての契約に暴排条項を追加できるように「原契約」の定義を変更している。

サンプル

第1条　（表明・確約）
甲および乙は、それぞれ相手方に対し、現在、自己または自己の役員（取締役、執行役、監査役またはこれらに準ずる者をいう。以下同じ）が下記の各号のいずれにも該当しないことを表明し、かつ将来にわたっても該当しないことを確約する。
（1）　暴力団、暴力団員、暴力団員でなくなった時から5年を経過しない者、暴力団準構成員、暴力団関係企業、総会屋等、社会運動等標ぼうゴロ、特殊知能暴力集団等その他これらに準ずる者（以下、「反社会的勢力」という）
（2）　反社会的勢力が経営を支配していると認められる関係を有すること
（3）　反社会的勢力が経営に実質的に関与していると認められる関係を有すること
（4）　自己もしくは第三者の不正の利益を図る目的または第三者に損害を加える目的をもってするなど、不当に反社会的勢力を利用していると認められる関係を有すること
（5）　反社会的勢力に対して資金等を提供し、または便宜を供与するなどの関与をしていると認められる関係を有すること
（6）　役員または経営に実質的に関与している者が反社会的勢力と社会的に非難されるべき関係を有すること

第1条の表明・確約条項では、相手方に対して、相手方自身またはその役

員が反社会的勢力でないこと（第１号）や反社会的勢力と関係がないこと（第２～６号）を表明し、確約することを求めている。相手方が本条に違反した場合、後述の無催告解除条項により原契約を解除することができる。

第１号では、「暴力団員でなくなった時から５年を経過しない者」を除き、組織犯罪対策要綱に記載されている具体的な属性要件を記載した上で、「その他これらに準ずる者」と包括的な規定を定めた。元暴力団員については、「過去に暴力団員であった者がいつまでも元暴力団員として排除対象となることは妥当ではなく、多くの暴排条項において（中略）『暴力団員でなくなった時から５年を経過しない者』などと離脱後の期間を限定している[7]」と指摘されていることから、サンプルでも離脱後５年を経過しない者を排除対象に含めている。

第２号以下は、全国銀行協会が公表した銀行取引約定書に盛り込む暴力団排除条項参考例の一部改正[8]を参考として「共生者[9]」を排除できるよう明記したものである。これらの規定により、相手方やその役員が反社会的勢力に該当する場合に加えて、その大株主や出資者など経営に強い影響力を持つ者が反社会的勢力である場合（第２号、３号）、反社会的勢力を不当に利用している場合（第４号）、反社会的勢力に資金を提供等している場合（第５号）、反社会的勢力と「社会的に非難されるべき関係[10]」にある場合（第６号）に

---

7 藤川元編集代表・市民と企業のリスク問題研究会編『〔リスク管理実務マニュアルシリーズ〕悪質クレーマー・反社会的勢力対応実務マニュアル―リスク管理の具体策と関連書式』（民事法研究会、2018年）167頁

8 一般社団法人全国銀行協会・前掲注５

9 組織犯罪対策要綱は、「共生者」を「暴力団に利益を供与することにより、暴力団の威力、情報力、資金力等を利用し自らの利益拡大を図る者」と定義している。

10 保険契約の解除の有効性が争われた広島高岡山支判平成30年３月22日判時2387号22頁は、保険約款上の暴排条項記載の「社会的に非難されるべき関係」の意義について、「反社会的勢力を社会から排除していくことの妨げになる、反社会的勢力の不当な活動に積極的に協力するものや、反社会的勢力の不当な活動を積極的に支援するものや、反社会的勢力との関係を積極的に誇示するもの等をいう」と判示している。また、警視庁ホームページ「東京都暴力団排除条例Ｑ＆Ａ」のＱ７に「暴力団又は暴力団員と社会的に非難されるべき関係を有している」場合が例示されている（https://www.keishicho.metro.tokyo.lg.jp/kurashi/anzen/tsuiho/haijo_seitei/haijo_q_a.html）。

も関係遮断を進めることができる。

実務アドバイス

自社の調査だけでは取引相手が反社会的勢力に該当するか否かを判断できないことも多いと思われる。そのような場合の調査方法の一つに警察への照会がある。警察では、「暴力団排除等のための部外への情報提供について」（平成31年３月20日付警察庁丙組組企発第105号、丙組暴発第７号）に基づき情報提供を行っており、例えば取引相手の属性を確認するなど暴排条例上の義務を履行するために必要と認められる場合には、「条例上の義務を履行するために必要な範囲で情報を提供する」としている。なお、この場合に情報提供を求める側で用意する資料については、同通達の「第５　情報提供の方式」に記載がある。

交渉ポイント

（１）　自社だけが反社会的勢力でないことを表明・確約する片務的な暴排条項への同意を求められる場合がある。この場合は、特別な事情のない限り、公平の観点から双務的な暴排条項への修正提案を検討するべきである。

（２）　取引相手から、全株主が反社会的勢力に該当しないことについて表明・確約するよう求められる場合がある。自社が株主の少ない非公開会社である場合には受け入れる余地はあるかもしれないが､自社が公開会社（会社法２条５号）である場合には、全株主について表明・確約することには困難があると思われる（公開会社では株式を自由に譲渡できる。同法127条参照）。したがって、後者の場合には、公開会社であることを説明し、全株主についての表明・確約には同意しないことが望ましい。

● 第１条バリエーション（追加条件）：委託先についての表明・確約を追加

使い方 サンプル第１条を以下のとおり変更する（第１条の本文に項番号「１」を追記し、第１条第２項として委託先の表明・確約に関する定めを追加する）

バリエーション

> 第１条　（表明・確約）
>
> １　甲および乙は、それぞれ相手方に対し、…（中略）…該当しないことを確約する。
>
> （１）（以下略）
>
> ２　乙は、自己の委託先（委託先が数次にわたるときはそのすべてを含む）またはその役員が前項各号のいずれにも該当しないことを表明し、かつ将来にわたっても該当しないことを確約する。

乙にその委託先についての表明・確約を求める場合は、第１条の第２項として委託先またはその役員についての表明･確約条項を追加する必要がある。サンプルにおいて、売主乙だけに委託先の表明・確約を求めるのは、製品の製造やサービスを提供する際にその業務を委託する場合が考えられるためである。また、委託が数次にわたる可能性もあるため、「委託先が数次にわたるときはそのすべてを含む」と規定している。

交渉ポイント

売主乙は、直接の委託先との契約中に暴排条項を設けることができるものの、直接の契約関係にない再委託先に対しては同様の方法をとることができないため、売主乙がすべての委託先について表明・確約することには困難があると思われる。そこで、売主乙としては、買主甲と協議し、表明・確約の範囲を直接の委託先に限定するなどして自社で確認できる範囲としたい。

サンプル

第2条　（禁止行為）
甲および乙は、自らまたは第三者を利用して下記の各号の一にでも該当する行為を行ってはならない。
（1）　暴力的な要求行為
（2）　法的な責任を超えた不当な要求行為
（3）　取引に関して、脅迫的な言動をし、または暴力を用いる行為
（4）　風説を流布し、偽計または威力を用いて相手方の信用を毀損し、または業務を妨害する行為
（5）　その他前各号に準ずる行為

「『反社会的勢力』をとらえるに際しては（中略）暴力的な要求行為、法的な責任を超えた不当な要求といった行為要件にも着目することが重要である」と政府指針で指摘されているため、第2条として暴力的な要求行為等の行為を禁止する規定を設けている。そして、本条違反も後述の無催告解除条項による解除の対象としている。

なお、本条各号は政府指針や全国銀行協会が公表した銀行取引約定書に盛り込む暴力団排除条項参考例の一部改正[11]を参考としている。

サンプル

第3条　（調査）
甲および乙は、第1条違反の有無を確認するための調査を必要とする場合、相手方の調査を行うことができ、相手方はこの調査に協力しなければならない。

反社会的勢力の該当性を判断する際の資料を相手方からも得ることができるように第3条では当事者の調査権限と相手方の調査協力義務を規定してい

11　一般社団法人全国銀行協会・前掲注5

る。仮に相手方が反社会的勢力である場合には調査への協力や後述する報告義務の履行を拒否することも考えられる。そこで、本条違反も後述の無催告解除条項による解除の対象としている。

実務アドバイス

暴排条項に表明・確約条項や無催告解除条項が規定されていれば、反社会的勢力を取引相手から排除することができるため、調査や後述する報告に関する条項を設けないこともある。

● 第3条バリエーション（追加条件）：報告義務を課す条項を追加

使い方 サンプル第3条を以下のとおり変更する（第3条の見出しに「・報告」を追記し、第3条の本文に項番号「1」を追記、第3条第2項として報告条項を追加する）

バリエーション

> 第3条　（調査・報告）
> 1　甲および乙は、……調査に協力しなければならない。
> 2　甲および乙は、自らが第1条または第2条に違反したことを知ったときは、直ちにその旨を相手方に報告しなければならない。

第1条（表明・確約）や第2条（禁止行為）の違反を知った当事者に相手方への報告義務を課す条項である。

サンプル

> 第4条　（解除）
> 甲および乙は、相手方が前3条のいずれか1つにでも違反した場合は、何らの催告をすることなく原契約を解除することができる。

相手方が第1条（表明･確約）、第2条（禁止行為）、または第3条（調査）に違反した場合に無催告で原契約を解除できることを規定している。反社会的勢力との関係を解消する際の根拠となるため、暴排条項の中でも特に重要な条項である。

☞ 実務アドバイス

暴排条例の中には無催告解除条項を設けることを努力義務として求める条例もあるため、暴排条例対応の観点からも無催告解除条項を定めることが望ましい（例えば東京都の暴排条例では18条２項１号および19条２項２号に規定されている）。

☞ 実務アドバイス

契約違反の内容などの個別の事情によっては解除の有効性が争われる可能性もあることから、解除権の行使前に弁護士等の専門家に相談することが望ましい。

サンプル

> 第５条　（損害賠償）
> 前条の規定により原契約が解除された場合、解除された当事者は、解除によって解除をした当事者が被った損害を賠償しなければならない。

解除権を行使した当事者が被った損害について、解除された当事者に対して損害賠償請求できることを定めた条項である。

● 第５条バリエーション１（変更条件）：損害賠償額の予定条項１

使い方　サンプル第５条の見出しを「損害賠償額の予定」へ変更し、サンプル第５条本文を変更する

バリエーション

> 第５条　（損害賠償額の予定）
> 前条の規定により原契約が解除された場合、解除された当事者は解除を

した当事者に対し違約金として金○○円を支払う。

第５条（損害賠償）に代えて損害賠償額の予定（民法420条１項）を定める条項である。なお、「違約金」は損害賠償額の予定と推定される（民法420条３項）。

実務アドバイス

宅地建物取引業者を売主、宅地建物取引業者でない者を買主とする不動産の売買契約には宅地建物取引業法38条１項（損害賠償額の予定等の制限）の適用があり、債務不履行を理由とする契約解除に伴う損害賠償額の予定や違約金を定めるときは、それらの合計額が代金の20％を超えてはならないという制限がある。不動産売買契約における損害賠償額の予定を検討する際には同法にも留意する必要がある。

● 第５条バリエーション２（変更条件）：損害賠償額の予定条項２

使い方　サンプル第５条の見出しを「損害賠償額の予定」へ変更し、サンプル第５条本文を変更する

バリエーション

第５条　（損害賠償額の予定）
前条の規定により原契約が解除された場合、解除された当事者は解除をした当事者に対し違約金として原契約に定める契約金額の○○％相当額を支払う。

第５条バリエーション１と同じく損害賠償額の予定を定めたものであるが、第５条バリエーション１とは異なり、損害賠償の予定額を割合で定めた点に特徴がある。例えば、原契約が特定の契約であって、かつ契約金額が定められている場合などに使用することができる。

サンプル

第6条　（責任免除）
第4条の規定により原契約が解除された場合、解除された当事者は、解除により生じる損害について、解除をした当事者に対し一切の請求を行わない。

解除された当事者からの損害賠償請求を認めないことで、解除をした当事者の責任免除を定める条項である。なお、本条項は不動産流通4団体の公表した売買契約書のモデル条項例[12]を参考としている。

サンプル

以上、本覚書締結の証として本書2通を作成し、甲乙記名押印の上、甲乙各1通を保有する。

令和○年○月○日
(甲)　　　　　　㊞　　　　　　(乙)　　　　　　㊞

12 国土交通省・前掲注6

第10章　債務弁済契約書（公正証書）

POINTS

▶債務弁済契約書は、債務者に債務不履行が生じた際、債務者が債務不履行を認めており、かつ、支払に協力的な場合に多く用いられる契約書である。債務者が争う姿勢を見せている場合には、訴訟等の法的手続によることが必要となる。

▶債務弁済契約を締結する主要な目的の一つとして、差押えを可能とする執行力を確保することがあることから、公正証書による作成が多く行われる。

▶債務者が、残債務の一括払いが可能な資力を有する場合、そもそも債務不履行が生じることは想定しにくいことから、限られた資力の中で締結されることが多い契約であり、支払条件は分割払いとなることが多い。

▶執行力を有する公正証書を作成しても、債務者の倒産等により、債権回収に結び付かないリスクは避けられない。そのため、契約書の締結はもちろん、債務者の資力の確認等、回収の実効性を高める対応が重要である。

KEYWORDS

【公正証書】

一定の事項について、公証人が作成し、内容を証明する公文書。記載内容により、債務名義（民事執行法22条）としての効力を有する。

関連法令等

民事執行法22条（債務名義）

民事執行法22条は、強制執行（差押え等）の根拠となる債務名義について定めている。同条5号には、「金銭の一定の額の支払又はその他の代替物若しくは有価証券の一定の数量の給付を目的とする請求について公証人が作成した公正証書で、債務者が直ちに強制執行に服する旨の陳述が記載されているもの（以下、「執行証書」という。）」との定めがあり、本章で扱う債務弁済契約書に必要な事項を盛り込んで公正証書化すれば、債務名義となり、裁判手続を経ることなく、強制執行に用いることができる。

契約書条文解説

頭書部分

サンプル

> 債務弁済契約公正証書
>
> 本公証人は、当事者の嘱託により、法律行為に関する陳述の趣旨を記載して、この証書を作成する。

公正証書は、当事者が陳述した内容を、公証人が聞き取って記載するものであり、作成者は公証人となる。もっとも、頭書部分は定型文言であるため、問題となることは考えにくい。

実務アドバイス

公正証書を作成するには、契約当事者の双方（保証人がいる場合、保証人も含む）の本人または代理人が公証役場に出頭する必要がある。出頭が困難な事情がある場合には、公証人が出張する取扱いもあるが、遺言公正証書の場合と異なり、契約書の場合には、代理人が出頭しての作成が可能であるため、本人（法人の場合は代表者）の出頭が難しい場合には、代理人に委任するのが一般的である。

公証役場は全国各地にあり、地域の制限はないため、事前に、どの公証役場で作成するか、当事者間で調整しておく必要がある。公正証書の作成前に、当事者間で契約書を取り交わす場合、公正証書のみを作成する場合の両方が考えられるが、突如、債務者が公正証書の作成に非協力的になるリスク等に備え、先に当事者間で契約書を交わしておくのが確実である。もっとも、公正証書と異なり、当事者間で交わした契約書には執行力はなく、強制執行（差押え）のためには、法的手続を経ることが必要となるため、債務者の協力が得られる場合には、速やかに公正証書の作成を完了することが重要となる。

公正証書の作成に際しては、作成の日時の予約や、作成する契約書の内容の確認を含め、公証人（実務的には、担当する公証人の担当書記が連絡窓口となるのが通常であり、書記とのやりとりが中心となる）との事前のやりとりが重要となる。そこで、まず公証役場を決定し、その役場に電話等で連絡して案文を送付するとともに、当日までの段取りや必要書類の案内を受けて準備を進めていくことになる。事前連絡なしに公証役場に出向いても、即時の作成は期待できない点に留意が必要である。

契約書の各条項の文言・表現は、公証人の判断に従うのが通常であるが、前提となる事実関係（債務の内容）や支払条件は当事者間で確認し合意しておくことが必要であり、「すべて公証人に任せておけば完成する」わけではないことに注意が必要である。

当事者が法人の場合、必要書類は、当事者それぞれにつき、以下①、②のいずれかである。

①　代表者の資格証明書、代表者印および代表者印の印鑑証明書

②　法人の登記簿謄本、代表者印および代表者印の印鑑証明書

代理人に委任する場合、上記に加え、

③　委任状（代表者印で押印）

④　代理人の身分証明書、認印等

が必要となる。必要書類に漏れがないか、事前に写しを公証人に送付して確認を得るのが一般的であり、各当事者が、当日の出頭者を確定した上で、事

前に必要書類を準備することが求められる。

債務弁済契約公正証書の作成には、その契約の目的となる価額に応じた手数料が必要となる。また、証書の枚数が４枚を超える場合に枚数に応じた手数料が発生するほか、謄本の発行通数に応じた手数料も必要となる。手数料は、作成日に公証役場で支払うため、事前に費用を確認の上、費用負担についても決めておく必要がある。公正証書は､その原本は公証役場に保管され、当事者は正本・謄本の交付を受けることができる。謄本の交付を受けるのは容易ではあるが、強制執行に必要となるのは正本であり、正本の再交付は容易ではないため､債権者は正本を受領し、その保管は慎重に行う必要がある。

サンプル

> **第１条　(債務の確認)**
> 債務者株式会社○○（以下、「乙」という）は、令和○年○月○日、債権者株式会社△△（以下、「甲」という）との間の令和○年○月○日付動産売買契約に基づく買掛債務金○円が存在することを承認し、以下の条項に従い弁済することを約し、甲はこれを承認した。

まず、当事者間の契約を契約書の日付や表題等で特定して債務の発生原因を明確にするとともに、債務の金額を確定する。債務の一部が支払済みである場合には、当初の債務の金額や、支払済み金額を明記する等、債務の内容に疑義が生じないようにする。

サンプル

> **第２条　(支払方法)**
> 乙は、甲に対し、前条の債務を次のとおり分割して、甲の指定する銀行口座に振り込む方法によって支払う。振込手数料は乙の負担とする。
> ①　令和○年○月から令和○年○月まで毎月末日限り　金○万円
> ②　令和○年○月末日限り　金○万○円

債務弁済契約では、債務者の資力が十分でなく、分割払いの定めとなることが多いため、分割の条件を明記する。分割払いに関する具体的内容は、当事者間で合意していれば特に制限はないが、毎月定額の支払を定めることが多い。月ごとの支払をする場合には、毎月の支払期限も明記する。毎回の支払を定額とする分割払いの場合には、端数が生じるのが通常であり、端数の扱いも定めておく必要がある。初回または最終回に端数を調整するケースが多く、上記は、最終回に端数を処理する例である。

支払先は債権者の指定口座とするのが一般的であり、振込みの場合には振込手数料の扱いも定めておく。

実務アドバイス

完済までの期間についても当事者間で定めることになるが、長期になればなるほど、債務者の倒産を含め、未払のリスクは高まる。強制執行認諾文言を含む公正証書が執行力を有するとはいえ、債務者が倒産した場合等、強制執行によっても債権が回収できないことは珍しくなく、公正証書の執行力は、債務者に支払を促す心理的効果にとどまるケースも多い。そのため、債務者の資力や他の未払債務の存否を確認するなどした上で、できるだけ短期に完済する条件で合意することが望ましい。

サンプル

第3条　(期限の利益喪失)

乙に、次の各号の一に該当する事由が生じた場合、甲からの通知催告を要することなく、甲に対する一切の債務について当然に期限の利益を失い、直ちに残債務の全額を弁済しなければならない。

①　前条の債務の履行を1回でも怠ったとき

②　手形・小切手が不渡りとなったとき、または銀行取引停止処分を受けたとき

③　差押え、仮差押えまたは仮処分命令を受けたとき

④　破産手続開始・民事再生手続開始・会社更生手続開始・特別清算

手続開始の申立てをし、またはこれらの申立てを受けたとき

第２条で分割払いを定めているところ、強制執行を行う際、残債務全額を対象とするためには、期限の利益喪失について定めておく必要がある（この定めがないと、すでに期限が到来した分しか差押えの対象とできない）。

☞ 実務アドバイス

平時の契約であれば、債務の履行を「２回以上怠り、その金額が○円に達したとき」と定めることも多いが、すでに一度未払が生じている状況であることから、再度の猶予を与える理由は乏しいと考えられる。したがって、上記①のような定めが適当である場合が多い。

サンプル

第４条　（遅延損害金）
乙が甲に対し、第２条に定める債務の履行を怠ったときは、乙は甲に対し、支払期限の翌日から完済まで、年○％の割合による遅延損害金を支払う。

当事者間に別の定めがない場合には、金銭債務の支払期限から遅れた場合に発生する遅延損害金について、法定利率が適用される（民法419条１項）。そのため、法定利率より高い損害金を定める場合には、契約書に明記しておく必要がある。なお、2020年４月に施行された改正民法により、法定利率が従来の年５％から年３％へと引き下げられ、また、年６％とされていた商事法定利率の定めも撤廃され、年３％に統一されたため、契約書に定めがない場合の遅延損害金は年３％となる。遅延損害金の上限について、消費者契約法が適用される取引においては、年14.6％を超える部分は無効とされているが（同法９条２号）、消費者契約法の適用がない場合には、「○％まで」といった具体的制限はない。ただし、社会通念に照らし不相応な損害金が定められた場合、公序良俗違反（民法90条）として、許容される率を超える部分は無

効となると考えられることから、消費者契約法の規定にならい、年14.6%と定める例も多くみられる。

☞ 実務アドバイス

本条が適用される状況においては、第３条の期限の利益喪失により、債務者は残債務全額と、これに対する遅延損害金の支払義務が生じ、強制執行（差押え）において、残債務のみならず、遅延損害金も対象とできる。しかし、債務元金を支払う資力すらない債務者から、遅延損害金を含めた金額を回収できることは期待できないのが通常である。そのため、本条の定めは、債務者に契約に従った支払を促す心理的効果が中心となることも多く、その観点から検討を行うべきである。

サンプル

> 第５条　（強制執行認諾）
> 乙は、本契約による債務を履行しないときは、直ちに強制執行に服する旨陳述した。

公正証書が債務名義として執行力を有するためには、「債務者が直ちに強制執行に服する旨の陳述が記載されている」ことが必要であるため（民事執行法22条５号）、執行力の確保のためにはこのような定型文言が必要となる。

サンプル

> 第○条　（連帯保証）
> 丙は甲に対し、本契約に基づき生じた乙の一切の債務について連帯保証し、乙と連帯して債務を履行する。

債務の弁済について、保証人による保証を求める場合には、保証の条項を追加することが考えられる。保証の定めを置く場合には、保証人も出頭が求められ、保証人に関する必要書類も追加される。保証については、2020年４

月に施行された改正民法により、保証人に対する情報提供義務（民法456条の10）等、要件が厳格化されている点に留意が必要である。

☞ 実務アドバイス

従前、法人の債務について、法人の代表者やその家族を保証人とする例が多くみられた。しかし、法人による支払が滞る状況にあるにもかかわらず、代表者等の当該法人との関係が密接な個人に資力がある状況はまれである。そのため、保証人を求めるのであれば、主債務の資力に影響を受けない者が望ましく、事前にその資力を確認しておくことも重要である。資力のない保証人であれば、保証人からの債権回収が実現する可能性が低いため、保証の条項を追加する実益は乏しい。保証条項に固執することにより、公正証書作成自体に支障が生じるリスクもあるため、「保証人を立てさせること」を目的とせず、債権回収の可能性が高まるかどうか、という観点から要否を検討すべきである。

第2 トラブル対応編

第1章　労働条件変更のトラブル

POINTS

▶労働条件変更の方法としては、①就業規則を変更する方法、②労働契約書を変更する方法、③労働協約を変更する方法、がある。変更のために①、②、③のどこまでが必要かを事前に整理しておく必要がある。

▶就業規則を変更する方法（①）では、労働基準法が定める変更手続と、労働契約法が定める変更の効力・不利益変更の有効性に注意が必要である。実務では、変更時に社内説明会を実施したり、変更について同意書（合意書）を個別に作成することがある。

▶労働契約書を変更する方法（②）は、契約期間中に行うこともあるが、有期契約社員の場合は契約更新時に行うことも多い。労働契約書では、就業規則の内容を下回る変更はできない点に注意を要する（労働契約法12条：就業規則の最低基準効）。

▶労働協約を変更する方法（③）は、労働組合との協議・同意が不可欠である。労働協約は、企業と労働組合との間の労働条件等に関する書面合意であり（労働組合法14条）、労働組合員以外にも変更の効力を及ぼすため、就業規則も併せて変更（①）するのが通常である。

▶変更対象となる規定（条文）が「就業規則」「労働契約書」「労働協約」にある場合、相互の優劣関係や効力が法定されている（労働契約法12条、13条、労働基準法92条等）。規定・制度相互間の不整合が発生しないように変更の内容と施行時期をそろえておく。

▶企業の合併や大幅な制度変更の際には、労働条件の大幅変更を緩和する「経過措置」を設けることがある。

労働条件変更が必要となる場面としては、人事制度の新設・変更といった労働者全体に関わる場面だけでなく、労働者個人の賃金額や労働時間を変更する場面がある。労働条件変更にあたっては、法規制の確認以外にも、人事制度間の整合性を図ることも重要である。労働条件変更における一般的な対応手順は以下のとおりである。

（1）　人事制度の内容と相互の相関関係、各制度の根拠規定を確認する
（2）　変更する規定を抽出し、変更案・新旧対照表を作成する
（3）　労働者側に説明する資料（社内説明資料）や想定問答を準備する
（4）　適用対象者・施行日・運用をシミュレーションする
（5）　規定・制度相互間の整合性を最終チェックする

KEYWORDS

【不利益変更への同意（合意）】

就業規則の変更とセットで、個々の労働者から変更内容について個別同意を取得する方法がとられることがある。労働契約法９条は「労働者と合意することなく」と規定しているところ、上記のような個別同意によって同条の「合意」があるとして、就業規則の不利益変更（同法10条）による紛争リスクを軽減できるためである。もっとも、近時は個別同意の有効性自体が裁判で争われることがある（最判平成28年２月19日民集70巻２号123頁）。そのため、実務では個別同意の有効性をめぐる紛争を避けるべく、個別同意を求める際の情報提供や不利益内容の説明、個別同意の明確化･書面化が重要になっている。

【経過措置】

就業規則の末尾部分にある附則（付則）には、①就業規則の作成日・改定日、②施行日・効力発生日、に加えて、③変更に伴う経過措置を設けること

がある。経過措置を設ける場合としては以下がある。

・就業規則変更により労働者側の権利・利益に不利益が発生する場合
・就業規則の大幅な変更により、激変緩和が必要な場合
・他の規則・規定との整合性をとるための準備・調整期間が必要な場合

就業規則変更におけるトラブル発生リスクの軽減措置として経過措置を設けることは有益であるが、参考となる規定例を市販の書籍等から探すことは困難である場合も多いため、早めに準備しておく必要がある（本章では末尾にひな型規定を紹介する）。

関連法令等

就業規則の作成・変更　労働基準法90条

労働基準法90条1項は、就業規則を作成・変更する場合には、❶労働者の過半数で組織される労働組合（過半数組合）がある場合は当該労働組合の意見、❷過半数組合がない場合には、労働者の過半数の代表者（過半数代表）の意見を聴かなければならないとし、同条2項では労働基準監督署に変更を届け出る際に上記意見を記した「意見書」を添付することを規定している。

就業規則変更の効力　労働契約法9条および10条

就業規則変更の効力については、労働契約法9条と10条が規定している。就業規則の不利益変更に関する判例法理を明文化したのが同法10条であるが、近時の裁判では同法9条における「変更への同意（合意）」の有無が問題となることもある（最判平成28年2月19日民集70巻2号123頁）。

就業規則の最低基準効　労働契約法12条

就業規則を下回る労働条件を労働者と合意しても、就業規則を下回る部分は労働契約法12条によって効力が否定され、就業規則が定める基準（労働条件）に引き上げられる。これが就業規則の最低基準効である。

【労働基準法】
（作成の手続）
第90条　使用者は、就業規則の作成又は変更について、当該事業場に、労働者の過半数で組織する労働組合がある場合においてはその労働組合、労働者の過半数で組織する労働組合がない場合においては労働者の過半数を代表する者の意見を聴かなければならない。
2　使用者は、前条の規定により届出をなすについて、前項の意見を記した書面を添付しなければならない。

【労働契約法】
（就業規則による労働契約の内容の変更）
第９条　使用者は、労働者と合意することなく、就業規則を変更することにより、労働者の不利益に労働契約の内容である労働条件を変更することはできない。ただし、次条の場合は、この限りでない。
第10条　使用者が就業規則の変更により労働条件を変更する場合において、変更後の就業規則を労働者に周知させ、かつ、就業規則の変更が、労働者の受ける不利益の程度、労働条件の変更の必要性、変更後の就業規則の内容の相当性、労働組合等との交渉の状況その他の就業規則の変更に係る事情に照らして合理的なものであるときは、労働契約の内容である労働条件は、当該変更後の就業規則に定めるところによるものとする。ただし、労働契約において、労働者及び使用者が就業規則の変更によっては変更されない労働条件として合意していた部分については、第12条に該当する場合を除き、この限りでない。

（就業規則違反の労働契約）
第12条　就業規則で定める基準に達しない労働条件を定める労働契約は、その部分については、無効とする。この場合において、無効となった部分は、就業規則で定める基準による。

実務アドバイス

労働条件変更は雇用主である企業側のイニシアチブで行うことが多い。労働者側がメンタルヘルス不調や家庭の事情等で勤務軽減措置を求め、これに企業側が応じる形で勤務時間・業務量等の軽減が行われることもあるが、この場合は恒久的・固定的な労働条件変更ではなく、一時的な勤務配慮として行われるのが一般的である。もっとも、このような勤務配慮の期間・内容をめぐって後からトラブルとなることも多く、企業側が勤務軽減措置を講じる場合でも、軽減の内容や対象期間、一定期間後の見直しなどはあらかじめ書面で明確化しておくべきである。また、このような書面は勤務軽減措置の途中ではなく、勤務軽減措置の開始時に作成して労働者側の同意（合意）のサインも貰っておくべきである。

リスクヘッジ～トラブル回避のための起案方法

労働条件変更の場面では「就業規則の不利益変更」の問題に関心が集まりがちであるが、労働基準法90条２項の「意見書」の提出スケジュールや個別同意の取得方法、経過措置の規定方法、将来の変更（再変更）を見据えた対応なども視野に入れる必要がある。労働条件変更について判例・裁判例を整理して理論的な解説をする書籍は多いが、実務で留意すべき点を説明する。

１）過半数組合・過半数代表から「意見書」が提出されない場合を想定した書面を準備する

労働基準法90条２項が添付を求める「意見書」は「同意」である必要はなく「反対」でも労働基準監督署への届出は可能である（昭和24年３月28日基発373号）。問題なのは「意見書」が提出されない場合である。この場合は、意見書提出を督促したことを書面で記録に残し、これを資料として添付する形式で「事情説明文書」を作成し、労働基準監督署に受理を求める方法をとることになる（昭和23年５月11日基発735号、同年10月30日基発1575号）。これらの書面は事前に準備しておく必要がある。

２）労働契約書がない場合でも、労働条件変更の個別同意書を準備する

労働契約書や労働条件通知書、個々の労働者と労働条件を定めた書面がなく、就業規則または労働協約で労働条件が規定されている場合には、労働者

個人との間で契約書や個別同意書を作成することは法的な必須事項ではない。もっとも、就業規則の不利益変更や変更内容をめぐって後からトラブルになることが想定されるのであれば、変更内容について個別同意書を作成しておくべきである。

作成場面としては、制度変更の社内説明会（全体説明会）で一斉にサインを求める方法がある。労働者個人ごとに変更内容や影響(メリット・デメリット）が異なる場合には、個別面談を実施して、そこで変更内容や影響などを説明をした上で個人ごとに同意書へのサインを求める方が無難である。

3）同意の有効性が争われないように「手続」と「認識」まで書面に記載しておく

労働条件変更について同意書を作成する場合、変更内容を明確化しておくことが重要であることはいうまでもないが、同意書作成の手続、当該同意書作成にあたっての認識についても書面で明示しておくとよい。後から「不適切な手続であった」「十分な説明がなされず、不利益内容を認識・自覚していなかった」などと主張され、同意の有効性が問題にされることを避けるためである。

4）経過措置は事前に準備した上で、提案・提示のタイミングを検討する

労働条件変更に関する労働組合との交渉や社員説明会で出た意見を経過措置に反映させる方針であれば、これらの意見を踏まえて経過措置を規定化した方がよい。労働組合や労働者側でも自己の意見が反映された納得感があるだろう。他方で、企業の組織再編や大規模な制度変更でスピード感が求められる場合には、労働条件変更と経過措置をセットで労働者側に提案・説明しないと間に合わないことがある。いずれの場合でも経過措置は制度変更当初から視野に入れておくべきであり、変更直前になって経過措置を作成することはミスを招く危険がある。

5）将来の制度変更を想定した書面にする

有期契約社員であれば契約更新の条項の中に「更新時の労働条件の変更・見直し」の条項を設けておく。就業規則における個別条項の中でも、将来的な変更・見直しが想定されるものについては、変更・見直しの根拠規定を設

けておくことがある。労働者との個別合意においても、一定期間後の変更・見直しの規定を設けておかないと、恒常的・固定的な労働条件と捉えられ、再度の変更が困難になるケースがあるので注意を要する。

実務で使用される書面と解説（労働条件変更に関する合意書）

【労働条件変更に関する合意書】

労使双方の個別合意によって労働条件変更を行う場合の書面である。大幅な労働条件変更を行う場合には、労働契約書全体を新たに書き換えることもある。

サンプル

労働条件変更に関する合意書

株式会社○○○○（以下、「甲」という）と△△△△（以下、「乙」という）は、本日、乙の労働条件を以下のとおり変更することに合意した。

（変更対象・変更日）

第１条　甲と乙との間の締結された令和△年４月１日付の労働契約書（以下、「労働契約書」という）が規定する労働条件を本合意書で定める内容に変更し、当該変更を令和○年○月○日から実施する。

（賃金）

第２条

Ⅰ　乙の賃金の金額、支給日等は次のとおりとする。

基本賃金	①基本月給	270,000円
	②職務手当（定額残業代）	20,000円
交通費	実費	
締切日	毎月20日	

支給日　　月末

Ⅱ　第１項の基本賃金の①基本月給については、甲の業績、乙の勤務成績等により金額を変更することがある。また、②職務手当（定額残業代）は、乙の担当業務量や勤務実態等を考慮して３カ月に１回の見直しを行い、金額変更を行うことがある。

（始業・終業時刻および休憩時間）

第３条　乙の始業・終業時刻および休憩時間は次のとおりとする。

始業　○時○分

終業　○時○分（途中休憩○時間）

ただし、業務の都合により変更することがある。

（その他）

第４条　本合意書に定めのない事項は労働契約書の定めによる。

以上

令和○年○○月○○日

（甲）

（乙）

第１条は、労使間で個別に労働契約書を締結している場合を前提としている。仮に就業規則しか作成されていない場合には、変更対象の労働条件を規定する就業規則の条文を引用する。また、いつから変更を実施するのかも明記する必要がある。労働条件変更が期間限定であれば対象期間（始期・終期）

を明記しておく。賃金では算定期間や締日との整合性も確認しておく必要がある。

第２条は、第１項では変更対象となった賃金の内容を記載している。賃金は基本給のほか各種手当や賞与がある。総額のみの記載では変更対象の特定として不十分であり、賃金・手当の項目ごとに記載する必要がある。第２項では、金額の変更や見直しについても規定している。変更前の規定に変更・見直しの根拠規定が設けられている場合でも、変更合意書で改めて明記しておくべきである。変更合意書によって、金額が固定化されたと解釈されないようするためである。

第３条は、始業･終業時刻を明記しているが、業務上の都合で変更するケースも想定される。そこで「ただし、業務の都合により変更することがある」との記載も設けている。

第４条は、就業規則で労働条件が規定されている場合は「労働契約書の定めによる」を「就業規則の定めによる」に変更する。

実務で使用される書面と解説（就業規則変更に関する同意書）

【就業規則変更に同意する書面】

合意書形式ではなく、労働者側が企業側に「同意書」の形式で提出する書面である。より簡略化する方法としては、変更内容を説明・通知する書面の下部に労働者がサインする同意欄を設ける方法がある。

以下の書面は契約書や合意書ではないことから条文形式にはしておらず、項番号で内容を区分している。

サンプル

令和　　年　　月　　日

賃金変更についての同意書

株式会社○○○○　御中

署　　名：＿＿＿＿＿＿㊞

1．本年○月○日の社員説明会で説明された労働条件の変更内容等については、同説明会に出席し、同説明会で配布された資料（①人事制度の変更について、②変更の内容とスケジュール、③改正規定の新旧対照表等）も確認しました。

また、上記説明会後の個別面談において、私の労働条件への影響も具体的にご説明がありました。

2．これらを踏まえ、私は、私の労働条件が下記のとおり変更となることに同意します。

【旧規定】	基本給	○○円（○等級○号俸）
	○○手当	○○円
【新規定】	基本給	○○円（○等級○号俸）
	○○手当	○○円

3．上記変更の施行日が本年○月○日からとなることについても同意いたします。

就業規則・給与規程の変更手続や当該変更の説明・周知についても承知しており、異存ありません。

以上

第1項は、変更内容の説明を受けたことだけでなく、説明方法や配布資料なども記載している。プライバシーの観点から、社員説明会の場で労働者個人の労働条件変更の具体的内容を説明することは難しい。第1項は、社員説明会の後に個別面談を実施するケースであり、その点を同意書でも記載している。

第２項は、同意内容は具体的に特定する必要がある。賃金制度の変更により、変更後の賃金ランクに当てはめられた場合には、「制度変更」と「変更後の賃金ランク」の双方を同意対象として記載する。各種手当を変更する場合には、手当ごとに変更内容を記載する。

第３項は、就業規則変更にあたっての従業員代表の選出手続（労働基準法施行規則６条の２）や変更規定の周知（同法施行規則52条の２）についても異議がない点を明記している。

実務で使用される書面と解説（経過措置）

【経過措置】

経過措置の起案は、実際の規定例をベースに検討するのが簡便であり、以下はサンプル規定である。実際に自社で使用する際は、対象者や対象時期が複雑になったり、賃金の金額算定方法が文章では説明しにくいことがある。そのような場合は、別表を用いたり、金額算定方法を計算式で記載するなど適宜工夫をされたい。

手当廃止に関する経過措置

サンプル

2023年７月１日改正・施行
ただし2026年６月30日まで、以下の経過措置を設ける。
2023年６月30日時点で○○手当の支給対象者であった者については、同手当を以下のとおり支給する。

①　2023年７月１日～2024年６月30日：○万○千円
②　2024年７月１日～2025年６月30日：○万円
③　2025年７月１日～2026年６月30日：○千円

手当の廃止によって、当該手当の支給対象者は不利益を被る。この不利益を緩和するために、手当廃止時点の支給対象者には、段階的な減額となるようにする規定である。

休職制度変更における経過措置

サンプル

本規則第○条（私傷病休職）の改正は本年○月○日から施行する。ただし、上記改正の施行日時点で休職中の者については、休職期間中は適用せず、その間は従前の例によるものとし、休職期間経過後に上記改正を適用する。

私傷病休職制度を変更する場合、変更時点で休職中の者に当該変更をそのまま適用すると、変更による影響が大きくなる場合がある。そこで、変更時点における休職者には適用されている休職期間経過後から変更後の規定を適用するようにする規定である。同種の規定として、副業・兼業の許可をすでに受けている者については、許可期間中は制度変更を適用しないようにする以下のような規定がある。

バリエーション

1．本規則は○年○月○日より施行する。

2．第○条を○年○月○日に改正し、同改正は同年○月○日より施行する。ただし、上記改正前までに副業・兼業の許可を受けていた者については、許可期間中は上記改正を適用せず、その間は従前の例による。

労働契約書と就業規則の変更時期をそろえる経過措置

サンプル

1．本規則は○年○月○日より施行する。

2．○年○月○日に第○章第○条から第○条までを改正。

なお、上記改正前までに有期労働契約を締結していた者については、契約期間中は上記改正を適用せず、その間は従前の例によるものとし、上記改正は更新時から適用する。

契約更新時期と就業規則変更の時期が重なるとは限らない。更新時に新たに締結した労働契約書と就業規則の変更時期が整合していないと、適用関係や効力の優先関係が不明確になったり、不整合が発生したりするリスクがある。そこで、有期契約社員用の就業規則変更を更新後の契約から適用させるための規定である。

制度廃止と経過措置

サンプル

> 本規則（嘱託就業規則）は、20XX 年 4 月 1 日をもって廃止する。ただし、廃止日時点で本規則が適用されている嘱託社員については、当該嘱託社員との労働契約関係（契約更新を含む）が終了するまでの間は本規則を適用する。

一定の雇用形態（サンプルでは「嘱託社員」とした）を廃止するが、すでに当該雇用形態で雇用された者については、契約終了までは引き続き適用させるために「旧規則の廃止」と「労働契約関係終了までの適用」を定める規定である。

過去の書式を流用する場合の経過措置

サンプル

> 20XX 年 4 月 1 日　改正・施行
> なお、上記改正までに作成・使用していた書式については、当分の間、所要の修正を加えるなどして、なお使用することができる。

育児休業等の社内規程を改正するにあたっては、改正後の規程に対応する育児休業等の申請書式等も変更が必要になる。もっとも、改正前の旧書式を大量に印刷している場合や、書式の変更が間に合わない場合は、従前の書式を用いた申請で対応する場合があり、その際に設ける規定である。

第2章 特許侵害のトラブル

POINTS

▶特許を侵害すると、その特許を知らなくても、特許権者または専用実施権者（以下、「特許権者」という）からその特許について利用の差止めを受ける。さらに、特許侵害者は特許権者に対して差止めまでに発生した損害の賠償を支払わなければならない。そのようなことが起こらないように、自社の技術が他社の特許権を侵害しないようにする体制を日頃から整えておくことが重要となる。

特許を侵害すると、差止めにより事業が停止され、加えて侵害により生じた損害を特許権者に対して賠償しなければならない。これらにより、事業に多大な損失が生じる。そのようなことがないように、他社の特許権を侵害しない体制を社内でつくることは非常に重要である。

この点、販売実績さえつくってしまえば、特許権者に訴えられてから特許権者との交渉で何とかなる、と考えることは間違っている。特許権者としては、特定企業にだけライセンスして他にライセンスしないことは私的独占の禁止及び公正取引の確保に関する法律（独占禁止法）上の問題も生じ得る。特許権者が個別ライセンスに応じるのは、ライセンスビジネスを考えているような例外的な場合に限られるため、特許権者は差止めによる救済を求めるのが一般的である。仮に特許権者がライセンスすることに応じたとしても、侵害者の競争力をそぐほどの高額なライセンス料が要求される。

このようなリスクを避けるために、事業者としては、製品を世に出す前に他社の特許権を侵害していないか十分に調査して、他社の特許権を侵害していない製品を世に出す必要がある。具体的には、テーマ創出、製品設計、量産設計の各段階で特許調査を行い、他社の特許権を侵害しない製品を開発していく必要がある。

ここでは、特許を侵害しないように実務者が行うべきことについて説明する。

なお、特許に関する実務は各社の社風や事業の立ち位置で会社ごとに異なる特徴を持つ。筆者の現職や前職の知財実務は、ここで記載した内容とは異なるものである。本章は筆者の経験から得た知財実務の基礎的な知識を伝えることを目的とする。

KEYWORDS

【特許調査】

特許調査には、「技術動向調査」「特許出願前調査」「他社権利調査（クリアランス調査）」「公知例調査」の4つがある。

【FI（File Index）とFターム】

FIとは、国際特許分類（IPC）を基礎として特許庁が開発した特許分類のこと。Fタームとは、FIを、効果、構造、材料、用途など技術の多面性でさらに細分化した分類をいう。FIで技術の特徴で特許調査を行い、さらにFタームを使い技術の多面性から特許調査を行うことで、より技術の本質を捉えた特許調査を行うことができ、対象技術に近い特許を漏らさずに調査することが可能となる。

関連法令等

差止請求　特許法100条

特許は法律上認められた独占権である。そのため特許権者は侵害者に対して当然に差止請求ができる。この請求は侵害の客観的事実さえあれば認められる（特許法100条1項）。侵害者が気づかずに特許を侵害していた場合も、特許権者には差止請求が認められる点が重要である。侵害者は、差止めによって、販売できなくなった製品の廃棄等をしなければならない（同条2項）。

損害額の推定　特許法102条

差止めまでに発生した損害に関して、特許権者は侵害者に対して販売数量の減少による損害を賠償請求できる（特許法102条１項）。なお、特許権者自身の能力を超えて侵害者が販売した部分について、特許権者は侵害者に対してライセンス料を請求できるか争いがあったが、令和元年の法改正（令和２年４月施行）で、特許権者の能力を超えて侵害者が販売したものについても、特許権者は侵害者からライセンス料を得られることが明確化された（同条２項）。

特許調査の種類と進め方

１）特許調査の種類

特許調査には以下４つがあり、目的に応じて調査の方法も異なる。

①　**技術動向調査**

研究開発に入る前に行う。公開特許から競合の関係特許を調査して、研究開発の方向性を決める。

②　**特許出願前調査**

発明を出願する前に行う。無駄な特許出願をなくすため、事前に対象技術がすでに特許出願されているか否かを調査する。

③　**他社権利調査（クリアランス調査）**

設計の各段階で行う。特許侵害していない製品を世に出すため、対象技術が特許侵害をしていないか調査する。

④　**公知例調査**

他社権利調査の結果、懸念特許が発見された場合に行う。懸念特許が無効であることの裏付けをとることを目的とする。

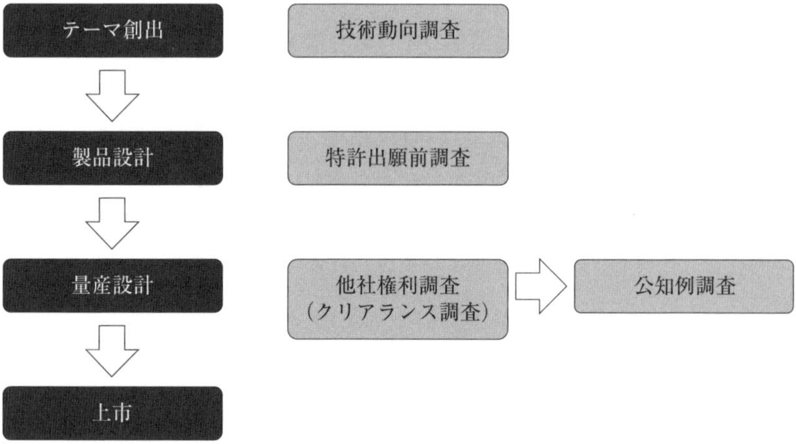

（出典：筆者作成）

２）特許調査の進め方（他社権利調査の場合）

ここでは、他社権利調査を例にとり、調査の流れを説明する。

他社権利調査では、まず予備検索を行い、できるだけ調査対象に近い特許公報を抽出する。その上で、検索の精度を上げるために本検索を行う。予備検索では、例えば、関連する技術キーワードを用いて調査を行い、関連する特許公報を抽出する。抽出する特許公報の数は、ある程度の数があるとその後、検討が進めやすくなる。本検索では、キーワードだけではなく、FI や F ターム、対象国の特許管轄官方が用いる特許分類を用いて検索精度を上げていく。このようにして抽出された特許公報の発明と対象製品を比較し、関連する特許公報を特定していく。

３）外部専門家の活用

特許調査を自社で行うこともあるが、多くの企業では、特許調査を外部に依頼することが多い。特許調査を外部に依頼する場合、特許調査会社を起用する場合と特許事務所を起用する場合とがある。誰に調査を委託するかはケースバイケースであるが、特許調査会社と特許事務所の特徴はおおむね以下のとおりである。

①　特許調査会社

特許調査に特化した会社。特許事務所と異なり、出願業務は行わない。特許調査業務に特化しているため、クオリティーの高い特許調査を行う。特許調査会社には、多くの特許調査のノウハウが蓄積されており、短納期で対応してくれる。技術動向調査を目的に特許調査する場合については、特許調査会社の起用が適している場合が多い。特許庁のウェブサイトには、特許調査会社のリスト（特許情報提供事業者リスト集）が掲載されている。

②　特許事務所

特許事務所は、特許調査に加えて特許出願までまとめて対応する点が特許調査会社とは異なる点である。特許出願まで依頼することで、特許調査費用を安値で抑えられるメリットがある。特許出願前調査は特許出願を前提としているため特許事務所が特許調査会社よりも適している。他社権利調査を行う場合は、もし懸念特許が見つかった場合、同時に特許権者に対するカウンター特許をつくることも重要となるため､特許事務所を起用する場合が多い。

実務アドバイス

法務部門（あるいは知財部門）の役割

いずれの特許調査においても、技術のことを深く知る開発者の関与が必須である。このような人材は会社の内部にいるため、会社内部の開発者たちを外部専門家と結び付けることは法務部門（あるいは知財部門）の大切な仕事となる。ここでは、単なる法的な専門知識だけでなく、自社の技術が市場にどういう点で訴求力があるのか、その技術が競合との関係で、どういう位置付けになるかをよく理解していることが重要となる。

また、会社内部の情報を整理して外部専門家に伝えることに加えて、外部専門家の見解を社内にわかりやすく伝えることも法務部門（あるいは知財部門）の重要な役割である。ここでは法的な専門用語を現場にわかりやすく伝えるために表現力が必要となる。

懸念特許対応

特許調査の結果、自社技術が他社の特許権を侵害していることが明確になった場合、当該技術の開発を諦めるべきか。この点、対象技術が他社の特許権の一部を侵害していることが多い。特に対象技術のコアの技術部分は特許権を侵害していないが、非コア技術部分だけが他社の特許権を侵害している場合は、特許回避設計をして開発を進めることが多い。

一方で､対象技術のコアの技術部分が他社の特許権を侵害している場合は、他社の特許権が本当に有効な特許かどうかを調べることになる。特許は成立していても、成立前に学術論文などで公知であったものや特許成立前から実施されていたものもあり（特許法123条１項、29条１項)、そのような特許は裁判で争って無効化できることがある。無効原因が見つかると、特許事務所に無効鑑定書をつくってもらい、訴えられたときに争える準備をして開発を進めることがよくある。ただし、たとえ無効原因が見つかっても、必ずしも裁判で勝って特許を無効化できるとは限らない。

そこで、特許回避できない懸念特許が見つかった場合、差止めリスクを重視して開発をやめるか、リスクテイクして開発を進めるか、無効原因をよく分析して経営判断することになる。そのときに、無効鑑定書をとることに加えて、特許権者の事業をよく調べて、特許権者に対するカウンター特許をそろえた上で、仮に特許権者から訴えられても、カウンターで特許権者に対して訴え返すことができるようにした上で、製品を世に出すこともあり得る。

以上のように、懸念特許対応は、対象特許を侵害しているか否かといった白黒つけた上で対応を決めるにとどまらず、相手先企業の事業内容をよく分析して、それをカバーする対象技術以外の自社の持つ技術はないかも踏まえて検討することが重要となる。

以下に懸念特許対策のフローを示す。

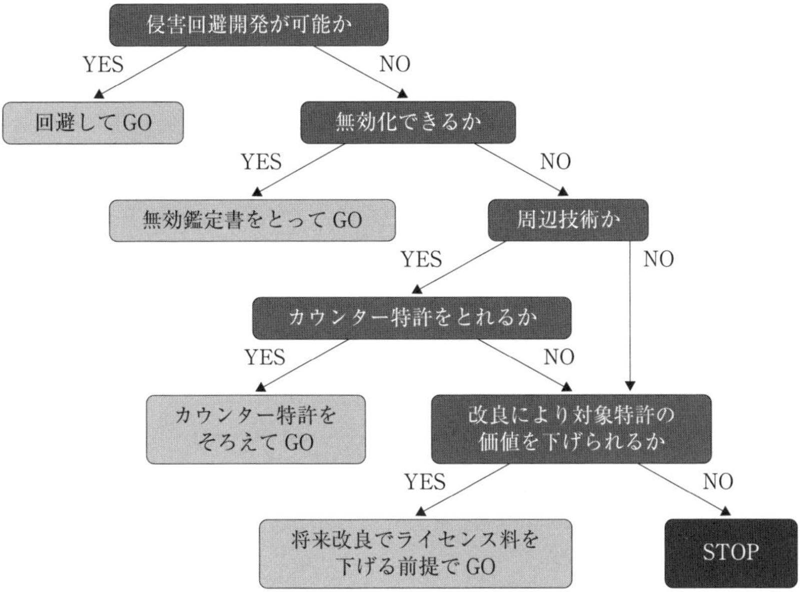

(出典：筆者作成)

実務アドバイス

無効鑑定書

懸念特許が、新規性や進歩性がないにもかかわらず、特許として成立していることがよくある。そのような特許に対しては、無効鑑定書をとった上で、いざとなれば当該特許を無効化する前提で、自社技術の開発を進める。実務では、自社判断が適切であったことのエビデンスを裁判に備えてとっておく趣旨で、外部専門家に特許の無効鑑定書の作成を依頼することが多い。

実務アドバイス

秘匿特権

公知例調査における相手の特許の分析結果は、裁判になると自社に不利な証拠となる可能性がある。そこで、このような分析結果が裁判資料にならないように管理することが大切となる。この点、日本をはじめとする多くの国では、弁護士等外部専門家と相談している事項は裁判資料とならないとされている（民事訴訟法220条４号ハ、197条１項２号）。そこで、弁護士や弁理士などの外部専門家に相談しながら他社特許を分析したことを証拠として残すことがポイントとなる。実務では、公知例調査を外部専門家に相談しながら行い、各書面のヘッダーとフッターにPrivileged & Confidentialという文字を証拠として残すことがよく行われている。

実務アドバイス

ネガティブエビデンス

特許を侵害しているかどうかは裁判で結論が出るまで明確にならない。そういう中で、対象特許のことを侵害特許と記載してしまうと、侵害を認めているネガティブエビデンスになることがある。このような事態を避けるために、実務上は、対象特許のことを侵害特許といわずに、懸念特許と呼ぶことがある。

実務アドバイス

カウンター特許と改良技術

相手から攻められる前に自社対抗技術をカウンター特許として特許化していれば、特許係争の抑止力となることがある。特許権者としては、侵害者を特許侵害で訴えたいが、訴えれば逆に侵害者から特許侵害で訴えられるリスクがあるためである。

さらに、自社改良技術を特許化して、相手特許の価値を希釈化させることもよく行う。事業に占める相手特許の価値は、技術進歩により希釈化する。この進歩した技術を特許化することは、ライセンス料を将来減額する交渉に大いに役立つ。

このように最大の防御は自社開発力である。

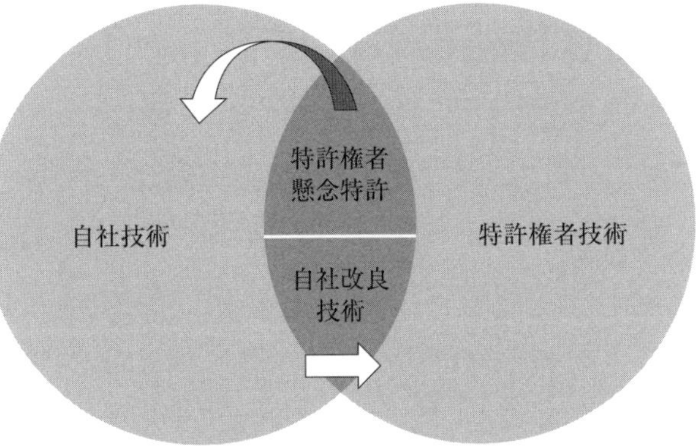

自社カウンター特許を構築して特権者の権利行使を抑制
懸念特許の価値を自社技術で薄める

（出典：筆者作成）

☞ 実務アドバイス

特許化するべきかノウハウとして保持するべきか

特許は法的に認められた、技術を独占する権利である。特許を侵害すると、前述のように、たとえ侵害者がその特許の存在を知らなくても、特許権者は侵害者に対して差止めや損害賠償ができる。ノウハウには、このような法的な独占機能は認められず、たまたま他人のノウハウと同じ技術を開発しても、当該ノウハウの保持者から差止めや損害賠償を受けることはない。この点がノウハウと比べた場合の特許のメリットといえる。

他方で、特許は公開されるので、相手方は、特許を確認して自社開発の足掛かりを得ることもあり得る。これが特許化する場合のデメリットといえる。

技術を特許化する場合、このデメリットも考慮して、どの部分をノウハウとして保持するべきかよく検討する必要がある。

第3章 著作権処理のトラブル

POINTS

▶著作権処理に関しては、対内的には①社内の制作物に関する著作権帰属トラブル（職務著作の成否の検討等）、対外的には②著作権侵害をしてしまったことに対する相手方からの警告書への対応・防衛策の検討、③著作権侵害されたことに対する警告、交渉等がある。著作権が特許・意匠などと異なり、非登録型の権利であることから、著作権法の対象たる著作物に該当するか、著作権侵害行為となるかが不明確である場合も多く、法令・裁判例等に鑑み、著作物にあたる可能性も視野に入れ、対応を検討することが必要となる。

▶著作権処理にあたっては、職務著作の定めがあるとしても契約書に著作権譲渡を定めるなど、自社が権利を有しているといえるための事前の対策が重要である。その上で、著作権侵害が発覚した際、かかる侵害状態について証拠保全を行うことなどが必要であり、法務部以外の部署では判断がつきにくいケースもあることから、法務部門のみならず、営業部門なども法的視点をもって、日々の業務を行うことが必要である。

昨今、フリーランスの外部委託業者などへ個別に発注をすることも増加しており、当事者間における著作権等の権利処理に関する理解不足からトラブルになるケースが散見される。本章においては、著作権侵害に基づく差止請求を求める権利者の書面を一例として掲載する。

KEYWORDS

【著作権】

著作権は著作者人格権（著作権法18条以下）、および著作財産権（同法21条以下）に大別される権利であり、単一の権利ではなく、複数の権利（支分権）の束とも呼ばれる。そのため、著作権侵害として、支分権のうちどの権利を侵害しているか、分析することが重要である。

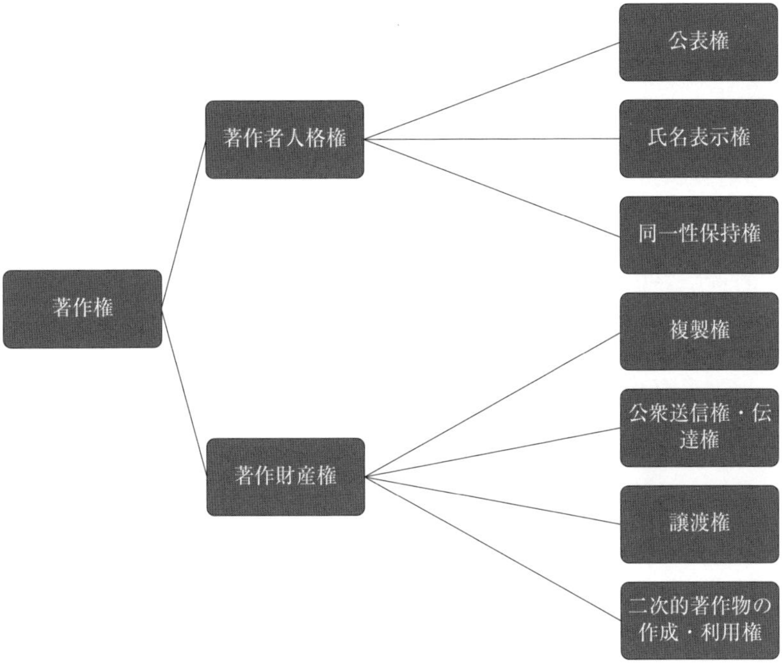

著作権に含まれる権利の種類（抜粋）

（出典：筆者作成）

関連法令等

職務著作　著作権法15条

著作権は、著作物を創作した者に帰属する権利であるが、職務著作が成立する場合には、法人等が著作者となり、原始的に著作者人格権・著作財産権を帰属させることが可能となる。

権利制限規定　著作権法30条以下

権利制限規定に該当する場合には、著作権侵害が否定されることになる。具体例としては、私的利用（著作権法30条１項）などが挙げられる。

損害推定条項　著作権法114条

著作権侵害における損害は、特許権等その他の知的財産権侵害と同様に、損害額算定が困難であることが多く、侵害者の得た利益等を著作権者の損害と推定する規定が定められている。

【著作権法】

（定義）

第２条　この法律において、次の各号に掲げる用語の意義は、当該各号に定めるところによる。

一　著作物　思想又は感情を創作的に表現したものであつて、文芸、学術、美術又は音楽の範囲に属するものをいう。

以下　（略）

（職務上作成する著作物の著作者）

第15条　法人その他使用者（以下この条において「法人等」という。）の発意に基づきその法人等の業務に従事する者が職務上作成する著作物（プログラムの著作物を除く。）で、その法人等が自己の著作の名義の下に公表するものの著作者は、その作成の時における契約、勤務規則その他に別段の定めがない限り、その法人等とする。

（差止請求権）

第112条　著作者、著作権者、出版権者、実演家又は著作隣接権者は、その著作者人格権、著作権、出版権、実演家人格権又は著作隣接権を侵害する者又は侵害するおそれがある者に対し、その侵害の停止又は予防を請求することができる。

２　著作者、著作権者、出版権者、実演家又は著作隣接権者は、前項の規定による請求をするに際し、侵害の行為を組成した物、侵害の行為によつて作成された物又は専ら侵害の行為に供された機械若しくは器具の廃棄その他の侵害の停止又は予防に必要な措置を請求することができる。

（損害の額の推定等）

第114条　著作権者等が故意又は過失により自己の著作権、出版権又は著作隣接権を侵害した者に対しその侵害により自己が受けた損害の賠償を請求する場合において、その者がその侵害の行為によつて作成された物を譲渡し、又はその侵害の行為を組成する公衆送信（自動公衆送信の場合にあつては、送信可能化を含む。）を行つたときは、その譲渡した物の数量又はその公衆送信が公衆によつて受信されることにより作成された著作物若しくは実演等の複製物（以下この項において「受信複製物」という。）の数量（以下この項において「譲渡等数量」という。）に、著作権者等がその侵害の行為がなければ販売することができた物（受信複製物を含む。）の単位数量当たりの利益の額を乗じて得た額を、著作権者等の当該物に係る販売その他の行為を行う能力に応じた額を超えない限度において、著作権者等が受けた損害の額とすることができる。ただし、譲渡等数量の全部又は一部に相当する数量を著作権者等が販売することができないとする事情があるときは、当該事情に相当する数量に応じた額を控除するものとする。

2　著作権者、出版権者又は著作隣接権者が故意又は過失によりその著作権、出版権又は著作隣接権を侵害した者に対しその侵害により自己が受けた損害の賠償を請求する場合において、その者がその侵害の行為により利益を受けているときは、その利益の額は、当該著作権者、出版権者又は著作隣接権者が受けた損害の額と推定する。

3　著作権者、出版権者又は著作隣接権者は、故意又は過失によりその著作権、出版権又は著作隣接権を侵害した者に対し、その著作権、出版権又は著作隣接権の行使につき受けるべき金銭の額に相当する額を自己が受けた損害の額として、その賠償を請求することができる。

4・5　（略）

交渉ポイント

著作権トラブルに対しては、著作権侵害に基づく差止請求、損害賠償請求といった対応が考えられるが、そもそも請求者が著作権を有しているかどうかが問題となる可能性も存在する。そのため、著作物と考える物について、自社内のみでの制作でない場合には、制作発注者としては契約書等において著作権譲渡を受けておくことが肝要となる（なお、受注者としては、自己利用を見据えて譲渡でなく使用許諾とすることも一案である）。

そして、自社に著作権があるとして、相手方に差止め等を求めていくかどうか、目的に照らして検討することが重要となる。

請求側の実務

著作権をはじめとした知的財産権は、例えばコンピュータープログラムなどであれば実体のないものであることからも、外部に流出して無断で使用されることなども起こりうる。その際に、企業としては、他社にフリーライドされたことに伴う逸失利益の回復を求めて、損害賠償請求を行うことを検討することとなる。

１）問題行為の発見

著作権侵害の疑われる問題行為については、侵害者の内部からの情報提供のほか、インターネット上での行為については、第三者から権利者への通報といったことも行われることがある。

２）相手方行為の検討

著作権は、権利を占有することの裏返しとして、他者の著作物利用を禁止できる権利であり、著作権（著作者人格権・著作財産権）は、複製権をはじめとした各権利の総称（支分権の束）を指す。当然のことながら他者の利用が著作権侵害に該当するものでなければ、著作権侵害を理由とした請求を行うことはできない。この点、デッドコピーがなされているのであれば複製されている（＝複製権侵害）と考えることは比較的容易ではあるが、例えば流出したデータを基にした二次利用などの場合には、翻案権が問題となり、翻案したといえるかを判断すべく、相互の著作物を比較検討するなどの対応が必要となる。

3）目標を設定する

著作権侵害への対応にあたっては、当該侵害行為への対応について最終的な目標を定めることが必要となる。目標を定めることで、裁判対応等のコストをかけるべきかといった点を考えることが可能となるためである。

①　将来の侵害を排除したい⇒差止請求

将来に向かって、著作権の侵害状態を排除する場合には、著作権侵害行為の差止請求を行うこととなる。法的根拠としては、著作権法112条の差止請求権を用いることとなり、要件として、ア：請求者に著作権があること、イ：侵害者による著作権侵害行為が必要となる。

②　過去の侵害について清算したい⇒損害賠償請求

過去の侵害については、金銭賠償によることとなるため、著作権侵害に基づく損害賠償請求が考えられる。法的根拠は民法709条（不法行為に基づく損害賠償）を用いることとなり、要件は、前記差止請求の要件に加え、ウ：損害の発生、エ：侵害行為に対する故意または過失、オ：侵害行為と損害発生との因果関係が必要となる。

損害賠償請求にあたっては、特に損害額の算定が困難な場合も想定される。著作権は無形であるゆえ、権利侵害によって権利者が得られなかった利益（逸失利益）の算定が困難であるためである。そこで、著作権法は114条において、損害額の推定・みなし規定を定め、損害の立証負担の軽減を図っている。

③　その他の措置

差止め・損害賠償のほか、名誉・声望の回復等を求めるといったことが考えられる。この点については、著作者・実演家は、自身の名誉等を回復するため、適当な措置を請求することができると規定されている（著作権法115条）。

このほか、法的根拠があるわけではないが、侵害者に謝罪や再発防止誓約を求めるといったことも考えられる。

4）具体的対応

①　任意交渉

任意交渉の場合、内容証明郵便による警告を発するなどしてから、具体的交渉に入ることが考えられる。当事者としては、今後同じようなことがなければよいとの立場から、謝罪してもらうことや、今後再発がないように対策を練ってもらうことが重要であるとする場合も少なくない。こういった謝罪等については、訴訟手続（和解等を除く）において実現しがたいため、これらを得るために、任意交渉を行うことも少なくないところである。

② 裁判対応

任意交渉が奏功しない場合などは裁判対応に移行することが考えられる。ただし、裁判手続による場合には、訴訟提起から起算しても最終的な解決まで基本的に相応の時間がかかることを念頭に置く必要がある。

また、裁判手続の場合には、和解など最終的に当事者の合意によって解決を図ることもあるが、訴訟手続において判断される対象は基本的に訴訟提起された範囲に限られるため、当事者間の紛争に包括的な解決を図るなどといった柔軟な対応は実施しにくいことにも注意が必要である。

5）著作権の帰属（請求の前提として）

前記のとおり、任意交渉・裁判対応のいずれを選択するとしても、著作権に基づく請求を行うには、前提として、無断使用された対象物が著作物であることが必要となる。そして、「思想又は感情を創作的に表現した」といえる場合には、著作物性が認められ、原則当該著作物の創作者が著作権者となる。

また、対象物が著作物であるとしても、当該著作物についての禁止権である著作権を自社が有していなければ、著作権に基づく請求を行うことはできない。この点、自社従業員が業務上制作した著作物であれば、多くの場合、職務著作（著作権法15条）が成立し、自社が著作権者であり、著作権が帰属することに疑問はないと考えられる。

他方、外部業者に依頼した場合には、著作権の帰属をどのように処理しているかが問題となる。雇用関係にない受託者に外注する場合であっても職務著作が成立し、自社が著作権者となるケースもあるが、いずれにせよ契約書において権利処理を定めるといった事前の対策が重要となる。実務上、発注者が成果物を利用することが想定されている一方、受注者が利用することは想定していないといった事情から、発注者が成果物に関する著作権を買い取っているとみられるケースも多くあるが、紛争防止の観点からは権利の帰属について契約書等により定めておくべきである。

この点、業務委託契約または発注書において、著作権等の権利については以下のように譲渡条項等を規定するといったことが重要である。なお、ここでは請求者側の視点から述べるが、下記不行使特約がない場合、自身が権利者となるとしても受託者から著作者人格権侵害を主張されるリスクがあるため、かかる条項を定めることを推奨する。

サンプル

第○条（権利の移転）

1　甲は、乙に対し、本契約の定めに従い、下記著作物（以下、「本件著作物」という）に関するすべての著作権（著作権法第27条および同第28条に定める権利を含む。以下、「本件著作権」という）を譲渡し、乙はこれを譲り受ける。

⑴　著作物名

⑵　著作者名

2　本件著作権は、譲渡代金が乙から甲に支払われた時期をもって、甲から乙に移転する。

サンプル

第○条（著作者人格権の不行使）

甲は、本件著作物について、乙、乙より正当に権利を取得した第三者および当該第三者から権利を継承した者に対し、著作者人格権を行使しない。

実務で使用される書面と解説

通知書（警告書）は、著作権侵害が疑われる他者に対し、著作権侵害警告を行うとともに当該侵害の是正等を行わせるために作成するものである。侵害行為が明らかであると考えられる場合には、警告したうえで、その後も侵害状態が是正されないことをもって、故意・過失を立証しようとするといった狙いがある。

なお、著作権侵害がそもそも認められるか疑義がある場合には、照会状などにより、他者に対して著作権侵害の疑義について通知をするなどの対応も考えられる。

サンプル

警　告　書

令和○年○月○日

株式会社Ａ
代表取締役　Ａ野一郎　殿

株式会社Ｂ
代表取締役　Ｂ野次郎
（担当窓口　法務部　Ｃ野）

前略　株式会社Ｂ（以下､「当社」といいます）は､株式会社Ａに対し､以下のとおり通知いたします。

1　著作権侵害の警告

今般、当社のもとに、貴社において発行する出版物（以下、総称して「本件出版物」といいます）について、当社が管理する画像（以下、「本件画像」といいます）を無断で使用し、インターネット上に公開しているとの情報が貴社の関係者等より寄せられております。

当社は○○より、本件画像を含む画像についての著作権管理委託を受けており、○○においても貴社に本件画像の使用許諾を行った事実はございません。

また、本件画像の使用は、貴社広報用の資料に掲載されているほか、インターネット上に広く掲載されているものであり、著作権法上、使用許諾が不要であるとの例外事例にも該当いたしません。

従いまして、貴社が本件画像を当社に無断で使用しており、かかる行為は本件画像に関する複製権および公衆送信権を侵害するものであり、かかる行為は著作権侵害に基づく刑事罰（10年以下の懲役もしくは1,000万円以下の罰金またはこれらの併科）、および損害賠償請求権を根拠づけます。

2　侵害の是正

以上から、当社は貴社に対し、本件行為に関し早急な事実確認および是正措置を要求いたします。つきましては、本書面到着後10営業日以内に以下の事項について書面にて回答ください。

(1)　照会事項

ア　本件画像を使用した本件出版物のタイトル、著作者名および発行年月日

イ　本件出版物の複製部数、配布期間および配布先

(2)　是正措置の実施として、本件出版物の回収

(3)　今後の著作権侵害を行わない旨の誓約書の提出

3　是正措置等がされない場合

仮に、上記期限までに貴社より誠実な回答がなされない場合には、当社としては著作権侵害に基づき、刑事・民事を問わずしかるべき法的措置を講じることを検討せざるを得ませんので、あらかじめその旨を申し添えます。

4　連絡窓口

本件につきましては、当社法務部が窓口となりますので、ご回答につきましては、窓口であるＣ野までご連絡いただきますようお願いいたします。

草々

ある程度具体的な侵害事情を把握できている場合の警告として考えられるものであり、具体的な是正措置までを権利者側が求めているものとなる。仮に、侵害状態が明確でない場合には権利侵害が疑われるといった点から回答を求める照会状といった内容での通知をすることも検討する。

被請求側の実務

1）請求者が権利者であるかの精査

警告書を受領した場合、すぐさま当該警告書に記載されている事項について確認することは当然であるが、請求者が真に権利者であるかどうかがまず確認されてしかるべきである。

例えば、著作物について請求者が利用許諾を受けたのみであって、著作権者ではないといったことも考えられ、その際には著作権者であることの釈明・回答を求めるべきである。

2）著作権侵害か否かの検討・対応

①　著作権侵害と判断する場合

ア　侵害について認め、交渉を行う。

事態を早期に終息させることなどを企図し、争わずに非を認めることもある。侵害の事実を争わないとしても、権利者の請求に対し、事後的な使用許諾を得るということも考えられる。特に従前の使用によって利益を上げている場合には、ロイヤリティの交渉などにより、使用を継続することを検討してもよい。

イ　侵害の事実を争う。

事後的な使用許諾が得られる見込みが立たないなど諸般の事情から、侵害の事実を争うことも考えられるところであるが、訴訟リスク等に鑑み、かかる対応を行う場合には、弁護士等の専門家の見解を得ておくべきである。

侵害の事実を争う場合には、①そもそもこちらの行為が著作権侵害行為ではない、②権利侵害であるとしても権利制限規定（著作権法30条以下）に該当しないかといった観点から検討することになる。

②　著作権非侵害と判断する場合

非侵害であるとすれば、権利者の請求は法的な根拠が立たないとなり、いわば言いがかり的な請求であると考えられる。その場合に、権利者の要求を飲む法的な理由はない。

しかしながら、非侵害の場合であっても、訴訟リスクが残存することに変わりはなく、弁護士等の専門家の見解を得ておくべきである。

この場合、相手に対し非侵害と回答することもあるが、あえて回答をしないという選択肢も存在する。これは、権利者が警告のみでその後の措置を講じないという可能性も捨てきれないためである。

いずれにしても、リスク評価を行い、対応を決めていくことが重要である。

第4章　システム開発委託契約のトラブル

POINTS

▶会社のシステム開発を外部に委託する場合、社外の業者やシステムエンジニアに対して自社の企業秘密、ノウハウ、ビジネススキームといったさまざまな情報を提供することになるため、事前に秘密保持契約（NDA 契約）を締結するのは必須である。

▶委託したシステム開発の仕様についての相互理解が不足していると、そもそもどのような内容のシステム開発を委託したのか、という根本的なところで意見が相違することがある。このような場合、途中から他の業者に委託して引き継いでもらうわけにもいかないため、当初の支払分がすべて無駄になってしまうリスクがある。そのため、システムの大枠・根幹を定める要件定義書、また、それに続く基本仕様書、詳細仕様書（以下、これら３つの書面をまとめて「要件定義書等」という）の作成に関する協議が極めて重要である。

▶要件定義書等に記載のない追加機能の開発を委託すると、追加報酬が発生することがある。追加報酬について、別途契約を締結した場合はその契約内容に従うことになるが、仮に契約を締結していない場合や特段の合意をしていない場合でも、商法512条の規定により報酬請求が認められる可能性がある。

▶システム開発が実際にスタートした後も、打合せや協議を重ねることが重要である。契約段階でしっかりと説明していたつもりであっても、開発を丸投げしてしまうと、想定と異なるシステムが納品されるといった事態が生じかねない。そこで、開発工程を複数に区切って、その都度テストをして進めていく開発手法（これをアジャイル開発という）を活用する等して、双方の認識に齟齬が生じないように進めていくべきである。なお、それほど一般的ではないが、修正可能な初期の段階で、第三者的立場のシステム開発会社にセカンドオピニオンをもらうことも検討に値する。

▶相手方管理のサーバでプログラミングがなされることもあるが、ユーザ（委託者）とベンダ（受託者）の関係がこじれたときに、ユーザ（委託者）にとってはサーバアクセスを止められる等のリスクがある。このようなリスクを回避するためにも、システム開発においては、設計書、ソースプログラム等のリソース管理として、ウェブサービスを利用するのが望ましい（代表的なものとして、設計書等のコンテンツ管理を行う「BOX」や、ソースプログラムのバージョン管理を行う「GitHub」等がある）。これらのウェブサービスでは、作業工程や変更履歴の管理が可視化される、自由に任意の時点でのファイルに戻すことができる、複数のメンバーで作業するときに便利であるといったメリットもある。

システム開発委託契約のトラブルは、いろいろな段階で起こり得る。

すなわち、契約締結の段階では、契約の成立の有無が争われることがあり得るし、また、開発中の段階では、開発の遅延、計画の頓挫、追加報酬請求等の問題がある。さらに開発終了後に実際に稼働させていく段階では、大小のバグ、サーバダウン、システム障害といった各種の不具合が発生することもある。

これらすべてのトラブルを確実に排除することは不可能であるが、その被害を最小限に抑えるために契約書や要件定義書等の書面が果たす役割は大きい。仮に裁判になった場合、双方の合意の内容は、原則的には契約書や要件定義書等の文言から推し量られるためである（もっとも、要件定義書等に記載のない仕様の合意が認定された裁判例もあり、これらの書面も万能薬とまではいえない）。また、後述する責任制限条項は、契約書にこの条項があることによって、高額な損害賠償責任を回避することにもつながる。

なお、中小企業におけるシステム開発委託契約では、一括請負契約方式が採用されることが多いと思われる。この方式は、法律上は請負契約に分類され、要件定義、基本仕様・詳細仕様の決定、プログラミングのすべてを一括して委託する方式であり、ベンダ（受託者）は、仕事の完成、すなわちシステムの完成が要求される。このほか、作業工程ごとに個別契約と見積もりを重ねていく多段階契約方式や、稼働時間に対して報酬が発生するSES契約（システム・エンジニアリング・サービス契約）といった方式もある。

KEYWORDS

【ユーザ（ユーザー）、ベンダ（ベンダー）】

システム開発を委託する側がユーザで、受託する側がベンダである。

【要件定義】

システム開発のスタートは、要件定義の確定である。要件定義とは、システムに必要な機能を決定することであり、システムの大枠・根幹を決める作業である。これなくして、システム開発はあり得ない。

ユーザには十分なシステム開発の知識がないことも多いため、一般的には、ベンダと二人三脚で要件定義を進めていく。

関連法令等

1）システム開発委託は、その段階により、民法上の請負契約（民法632条以下）と準委任契約（同法656条）が交錯する。

請負契約は、受託者が委託された仕事の完成を約し、委託者はその仕事の結果に対して報酬を支払う契約であり、システム開発委託においては、開発段階の多くは請負の性質を有することになる。

これに対して、準委任契約とは、委託された業務を遂行する契約であり、請負契約とは異なり、仕事の完成は求められない。システム開発委託においては、企画の段階や運用・保守の段階は、準委任の性質を有する。

【民法】
（請負）
第632条　請負は、当事者の一方がある仕事を完成することを約し、相手方がその仕事の結果に対してその報酬を支払うことを約することによって、その効力を生ずる。

（準委任）
第656条　この節の規定は、法律行為でない事務の委託について準用する。

2）ユーザ、ベンダが商人の場合には、商法も適用される。

例えば、商法512条は、特段の合意がなかった場合でも報酬請求を認める条項であるが、同条の規定により、ユーザとしては想定外の報酬支払義務が発生してしまうリスクがある。

【商法】
（報酬請求権）
第512条　商人がその営業の範囲内において他人のために行為をしたときは、相当な報酬を請求することができる。

3）以上のほか、システム開発により作成されるプログラムには、通常著作権が発生するため、著作権法の規律も適用される。

【著作権法】
（定義）
第2条1項
十の二　プログラム　電子計算機を機能させて一の結果を得ることができるようにこれに対する指令を組み合わせたものとして表現したものをいう。
以下　（略）

（著作物の例示）
第10条　この法律にいう著作物を例示すると、おおむね次のとおりである。
一～八　（略）
九　プログラムの著作物

2・3　（略）

リスクヘッジするための書面の書き方

1）システム開発のリスクヘッジにおいては、基本設計書の作成が最も重要といってよい。基本設計書によりシステムの全体像が浮かび上がり、ベンダも基本設計書に基づいてプログラミングを進めていくことになるのであり、システム開発に関するトラブルは、基本設計書がしっかりと作成されていないことに起因することも多いためである。

そこで、ユーザとしては、自社の事業の形態、仕組み、ビジネススキーム等もしっかりと伝えた上で、どのようなシステムがどのような理由で必要なのかをしっかりとベンダに説明する必要がある。

これに対して、ベンダとしては、ユーザの要望に技術的な無理がないか、あるいは、ユーザすら自覚していない要望がほかにないか、ユーザ提案とは別の方法でユーザの希望をかなえられないかといったことにも意識をめぐらせながら、最適なシステム構築ができるよう綿密な打合せを重ねた上で、基本設計書を作成していくべきである。

2）また、システム開発のリスクヘッジの観点からは、契約書においてユーザとベンダのいずれの立場でも最も重要な条項は、損害賠償の責任制限条項ではないだろうか。

開発されたシステムがユーザの事業にとってビジネス上重要な役割を担っていた場合、そのシステムの不具合はユーザにとって致命的な問題となることがあり、その損害額も膨大なものになる可能性がある（2020年４月施行の改正民法で、契約不適合責任の損害の範囲が履行利益とされたことに留意されたい）。そのため、ユーザとしては、責任制限条項を入れることについては消極的にならざるを得ない。これに対して、ベンダとしては、想定を超える損害賠償の請求を回避するためにも、是非とも責任制限条項の追加を主張したい。

交渉ポイント

前記のように、責任制限条項については、ユーザとベンダの利益が真っ向から対立する。ベンダ側としては、要件定義書等の作成はユーザとベンダの共同作業であるところ、システムの不具合は不十分・不完全な要件定義書等によるものであり、その責任の一端はユーザ側にもあることを告げることで、ユーザに対して、責任制限条項を設けるように求めたい。

その場合、例えば、損害額の上限については、システム開発契約の報酬額とすること等が考えられる。

実務で使用される書面と解説

システム開発の契約書は、経済産業省がひな型を公開しているが、中小企業がシステム開発を委託する場合、一般的な業務委託契約書をアレンジして流用することも多いと思われる。そこで、一般的な業務委託契約書にはあまり含まれていないが、システム開発契約においては特に留意すべきと考えられる条項を、以下に3点挙げる。

サンプル

> （協力義務）
> 受託者は、本件業務の遂行に際して、委託者に対して必要な協力を要請できるものとし、委託者は受託者から協力を要請された場合には、速やかにこれに応じなければならない。

前記のとおり、要件定義書等の作成にはユーザの協力が必要不可欠であるところ、ユーザが協力しないためにプロジェクトが遅延することも多く、そのような場合に備えて、ベンダからユーザに対して協力を要請できるような規定を盛り込むべきである。

サンプル

（損害賠償請求）
1　委託者または受託者は、本件業務の遂行に際して、故意または過失により相手方に損害を与えたときには、これにより生じた損害を賠償しなければならない。ただし、この請求は、納入物の検収完了日または業務の終了確認日から6カ月間が経過した後は行うことができない。
2　前項の損害賠償は、故意または重大な過失によって損害を与えた場合を除き、直接かつ現実に生じた通常の損害に限られるものとし、本契約に基づく委託報酬の額を上限とする。

改正民法では、損害賠償請求の起算点は「不適合を知った時から」とされており、ベンダはいつまでも責任を負う可能性があることから、第1項但書はこれを制限する条項である。第2項は、いわゆる責任制限条項である。故意・重過失を除外しているが、これは、故意・重過失の場合の責任の制限は公序良俗に反して無効とされるリスクがあるためである。

サンプル

（本成果物の権利関係）
1　納入物の所有権および著作権（著作権法第27条および第28条に規定する権利を含む）等の一切の知的財産権は、検収により、受託者から委託者に移転するものとする。
2　受託者は、納入物につき、著作者人格権を行使しない。

ユーザがベンダより著作権の譲渡を受ける場合の規定である。なお、著作権法27条、28条を特記するのは、同法61条2項において、「第27条又は第28条に規定する権利が譲渡の目的として特掲されていないときは、これらの権利は、譲渡した者に留保されたものと推定する。」とされているためである。

☞ 実務アドバイス

ユーザ・ベンダ間の関係がこじれて交渉による解決ができないときは、やむなく法的手続に移行せざるを得ない。しかし、原告・被告のいずれの立場であっても、訴訟当事者の負担は、思いの外、大きいものである。

具体的には、①訴訟費用（印紙代・郵券代等）、弁護士費用、敗訴した場合の損害賠償等の支払といった経済的負担、また、②弁護士との度重なる打ち合わせ、証拠の収集（例えば、膨大な量のメールの再確認と選別が必要になることが多い）、裁判所への提出書面の確認・修正提案（準備書面が数十ページに及ぶこともままある）、期日への出頭といった時間的負担、さらに、③こちらの認識と全く異なる相手方の主張への当惑・不満、訴訟の結果に対する不安、長期間に及ぶ訴訟に対する疲弊といった精神的負担も無視できない。

訴訟に起因するこれらの負担を回避するためにも、契約書等の作成への注力を惜しむべきではなく、転ばぬ先の杖として、弁護士に対して各種書類のレビューを依頼することも検討されたい。簡易な書面の取り交わしと口約束でシステム開発を進めたところ、後に揉めてしまい、いざ訴訟の段になって、「まさか相手とこじれるとは夢にも思わなかった」と嘆く当事者は多いが、後の祭りである。書類レビューの弁護士費用の負担は、上記の各負担と比べると格段に小さいはずである。

第5章　炎上・誹謗中傷

POINTS

▶インターネット上での発信が活発に行われる現代において、炎上はどの企業においても起きる可能性のある問題である。

▶炎上対応にあたって最優先で検討されるべきは、炎上に関する事実関係がいかなる状態であるかの分析である。SNS等のインターネット上で炎上が発生した場合、炎上の原因について自社に責任があるかなど種々の事情を検討した上で、対外的な発信等を行う（もしくは行わない）ことを判断しなければ、場合によってはさらなる炎上を招くことになる。そこで、社内においては事実関係の確認・整理にまず努め、その後に方針策定を検討し、対応する必要がある。

▶自社に対する誹謗中傷にあたっては、①削除請求、②発信者情報開示等の対応が考えられる。

炎上には、①自社ないし自社従業員等の行為が原因であるもの、②第三者の行為に起因して、自社が被害を受けた立場であるものが考えられる。

また、誹謗中傷に対しては、発信者情報開示請求が考えられるところ、近年、特定電気通信役務提供者の損害賠償責任の制限及び発信者情報の開示に関する法律（以下、「プロバイダ責任制限法」という）の改正等も行われており、適切な開示手続が目指されているところではあるが、炎上対応と同様に事実関係を収集し、いかなる方策を講じるか検討することが重要である。なお、発信者情報開示に関しては、情報を保持する各会社（アクセスプロバイダ等）の情報保存期間の関係から、特定を求める投稿がなされてから2週間以内に開示請求等の対応を開始することが望ましい。

KEYWORDS

【炎上】

インターネット上のコメント欄等において、批判や誹謗中傷等を含む投稿が集中すること。

【誹謗中傷】

「誹謗（他人を悪く言うこと）」「中傷（根拠のないことを言いふらして、他人の名誉を傷つけること）」を合わせた言葉であり、インターネットの普及以降、増加傾向にあるものとされる。

関連法令等

名誉毀損　刑法230条１項

事実を示して人の社会的評価を低下させる場合に成立するものであり、侮辱（刑法231条）とともにインターネット上において匿名投稿でされていることが問題視されている。

発信者情報開示

匿名投稿者の住所氏名の開示手段としては、①コンテンツプロバイダへのIPアドレス等の開示請求、②開示されたIPアドレスを元に当該IPアドレスを使用したアクセスプロバイダに対し、発信者情報の開示請求が用いられていた（プロバイダ責任制限法の令和３年改正法施行前）。

その後、改正法が施行され、上記に加え、新たに発信者情報開示命令事件という非訟事件の新たな類型が新設された（改正プロバイダ責任制限法第４章）。

【刑法】

（名誉毀損）

第230条　公然と事実を摘示し、人の名誉を毀損した者は、その事実の有無にかかわらず、３年以下の懲役若しくは禁錮又は50万円以下の罰金に処する。

２　（略）

（公共の利害に関する場合の特例）
第230条の２　前条第１項の行為が公共の利害に関する事実に係り、かつ、その目的が専ら公益を図ることにあったと認める場合には、事実の真否を判断し、真実であることの証明があったときは、これを罰しない。
２・３　（略）
（侮辱）
第231条　事実を摘示しなくても、公然と人を侮辱した者は、１年以下の懲役若しくは禁錮若しくは30万円以下の罰金又は拘留若しくは科料に処する。

【特定電気通信役務提供者の損害賠償責任の制限及び発信者情報の開示に関する法律（プロバイダ責任制限法）】
（発信者情報の開示請求）
第５条　特定電気通信による情報の流通によって自己の権利を侵害されたとする者は、当該特定電気通信の用に供される特定電気通信設備を用いる特定電気通信役務提供者に対し、当該特定電気通信役務提供者が保有する当該権利の侵害に係る発信者情報のうち、特定発信者情報（発信者情報であって専ら侵害関連通信に係るものとして総務省令で定めるものをいう。以下この項及び第15条第２項において同じ。）以外の発信者情報については第一号及び第二号のいずれにも該当するとき、特定発信者情報については次の各号のいずれにも該当するときは、それぞれその開示を請求することができる。
一　当該開示の請求に係る侵害情報の流通によって当該開示の請求をする者の権利が侵害されたことが明らかであるとき。
二　当該発信者情報が当該開示の請求をする者の損害賠償請求権の行使のために必要である場合その他当該発信者情報の開示を受けるべき正当な理由があるとき。
三　次のイからハまでのいずれかに該当するとき。
イ　当該特定電気通信役務提供者が当該権利の侵害に係る特定発信者情報以外の発信者情報を保有していないと認めるとき。
ロ　当該特定電気通信役務提供者が保有する当該権利の侵害に係る特定発信者情報以外の発信者情報が次に掲げる発信者情報以外の発信者情報であって総務省令で定めるもののみであると認めるとき。
（１）　当該開示の請求に係る侵害情報の発信者の氏名及び住所
（２）　当該権利の侵害に係る他の開示関係役務提供者を特定するために用いることができる発信者情報

ハ　当該開示の請求をする者がこの項の規定により開示を受けた発信者情報（特定発信者情報を除く。）によっては当該開示の請求に係る侵害情報の発信者を特定することができないと認めるとき。

2・3　（略）

実務アドバイス

炎上は、インターネット上において誰でも気軽に発言ができるようになったこともあいまって、不用意・不適切発言がみられるようになり、これがSNS等を通じ爆発的に拡散することによって発生する。自社の従業員等が炎上を起こしてしまった場合、その拡散するスピードや批判的意見を目にすることから、拙速・不十分な対応となりさらなる問題を生んでしまう場合がある。そこで、自社内において炎上が発生した場合に備え、事実確認などの手はずを整えておくことが肝要である。

誹謗中傷は、匿名投稿により名誉毀損・侮辱をされたとして、当該投稿者を特定する、当該投稿を削除するといったことが考えられる。このうち、投稿者の特定のために用いられるのが発信者情報開示請求であるが、アクセスログなど当該投稿者（手続上判明するのは、インターネット接続に際して使用されたアクセスプロバイダの契約者情報）につながる情報については、保存期間が最大でも6カ月ほどとなっており、投稿者特定のためには迅速に手続を講じる必要がある。

炎上対応の実務

1）炎上している対象・事実関係の確認

まず、どういった事実関係のもとで炎上の問題が発生しているのか、事実関係を理解することが重要である。特に、炎上が起きている場合には、当該担当者は冷静な対応をとることが難しい場合もある。そのため、当該担当者のみに任せることなく、冷静に事実関係を整理することを検討すべきである。

その際には、いわゆる５Ｗ１Ｈ（いつ、どこで、誰が、何について、どのような発言・行動をしたのか、なぜそのようなことをしたのか（原因））といった要素を参考に事実関係を整理することが必要である。

管理職が炎上の事態を把握した時点で、自社従業員等が先んじて対応をしてしまっている場合もあり、炎上後の自社従業員の動きも含めて把握しておくことが重要である。

２）方針策定

炎上に対しては、大きな方針として、①対応しない、②謝罪などを行う、③反論するといったことが考えられる。

①対応しないことも、内容によっては選択肢となる。炎上については、必ずしも事実に即したものではないこともあり、謝罪等外部への発信のみをもとに新たな炎上の火種を生むおそれもある。そのため、外部への発信がインターネット上に残ることはメリットでもありデメリットにもなり得るところであるため、閲覧者の反応を予想することが重要となる。

②謝罪などを行う対応は、炎上している問題に対し不満・不快に思う受け手がいると想定される場合に、その不満感等をおさめるために行うことが考えられる。この際、謝罪をどのように発表するかも重要となる。企業の謝罪において、インターネット上に掲示するのか、それとも会見を実施するのかといったことについては、①と同様に閲覧者がどのように捉えるかといったことを予想することが重要となる。また、謝罪の内容も、「炎上してしまったので謝罪する」といった、仕方なしに謝罪するような態度、「不快感を与えてしまったとしたら申し訳ない」といった、「私（たち）は問題だと思っていないがあなたたちが不快に感じたのだとしたら」というようなニュアンスを与えるものは謝罪とは捉えられず、さらなる炎上を生む危険性を内包している。そして、謝罪だけでなく、後述する事実関係の説明等も閲覧者の捉え方を予想して実施していくべきである。

③反論することは基本的には行うものではないと考えられる。その理由としては、反論をしたとしても、その相手が多数に及ぶため、反論によって新たな問題を生むケースが多くみられるためである。特に受け手の人数が膨大

であるインターネット上において、反論をすることは実践的な対応ではないと考えられる。

3）具体的対応

① 謝罪

謝罪については、謝罪を行った場合に法的な責任を認めたのと同義に捉えられるとしてこれを行わない方がよいと考えてしまうことがままあるが、炎上していることが自社の従業員等によって引き起こされているなど、法的ではないにせよ、自社にある程度責任があると想定される場合においては、少なくとも道義的な観点から謝罪をしておくことが必要なケースも想定される。

この場合、単に申し訳なかったと謝罪することはかえって炎上を広げる事態となる。また、自社従業員が勝手に行ったことであるなどと、経営陣が責任転嫁をしていると捉えられる謝罪、炎上したことは顧客の捉え方の問題であって自社の問題ではないと捉えられるような謝罪である場合には、さらなる炎上につながることも想定される。

② 事実関係の説明

事実関係の説明については、説明が膨大なものとなればその内容の精査にも時間を要し、説明までにいたずらに時間がかかってしまい、対応が遅いといったさらなる炎上にもつながりかねない。そのため、全容が明らかになっていないとしても、現時点までに判明している事実関係を明らかにし、情報を誠実に伝える努力を見せるべきである。

③ 再発防止策

再発防止策について、抽象的に「今後このような事態が起きないように」と記載するケースが見受けられるが、そのような記載の場合、問題を自社のものと認識しておらず、甘くみているといった捉えられ方をされかねない。

再発防止策の前提には、事実関係の調査において検討された原因が重要であり、原因からさかのぼって、当該原因にアプローチするためには何が必要であったかを検討することが重要となる。

④ 関係者の処分

情報流出など、自社従業員等の問題行為によって炎上が発生した場合、必要に応じて関係者の処分も検討する。炎上が起きたという事態から当該関係者を排除して鎮静化を図りたいと考えることも心情としては理解できるが、そもそも処分をするか否かを冷静に検討する必要がある。また、処分を行うとしても、戒告などの注意で済ませるのか、解雇等の手続まで実施するのかといったことは、自社の就業規則等労働条件の定めも影響してくるところとなる。

⑤　プレスリリース・記者会見

プレスリリースについては、事前に用意しておくことが難しいところであるが、炎上が発生して即座に発出するか否かは検討されなければならない。拙速にプレスリリースを発出した結果として、その後に新たに出てきた事情について追及を受けるなど、プレスリリースをもとにさらなる炎上を招く可能性も十分考えられるためである。

そのため、プレスリリースを発出するとしても、発表前には事実関係に間違いがないかは入念に確認しておくことが求められる。

また、昨今、プレスリリースにとどまらず記者会見が行われるケースも散見されるが、記者会見を行う場合には、会見場より質問がなされることが想定されることから、想定問答集をつくるといった作業が必要となる。記者会見の場においては、会見内容、想定問答集に基づいた質疑応答など発表内容が大衆の目に触れることになり、その対応によっては新たな炎上の火種となりかねないため、十分な用意が必要となる。

特に、文字だけでなく会見者の姿も映像に残る可能性もあることから、服装・態度・話し方（立ち振る舞い）にも気を配るなど、総じて会見の閲覧者からみて、どのように捉えられるかといった視点からの確認が求められる。

実務で使用される書面と解説（プレスリリース）

サンプル

プレスリリース

年　　月　　日

株式会社A

代表取締役　A野一郎

○○についてのお詫び（タイトル）

平素より弊社へ格別のご高配を賜り、厚くお礼申し上げます。
このたび、弊社従業員がSNS上において○○などと投稿したことにより、○○の方々には大変なご迷惑をおかけいたしました。また、多くの方々に対しましてもご心配をおかけしたことを深くお詫び申し上げます。

本件に関しては、以下のとおり事実経緯の調査結果を記載し、今後の対応方針を策定いたしました。

1　事実経緯
……

2　今後の対応方針
……

3　関係者の処分
……

4　本件に関する問い合わせ

……

草々

（1）　タイトル

タイトルについて、「○○について」のみ記載するケースもあるが、このような記載では、内容がわかりにくくなってしまう。プレスリリースは、当該内容を広く公表し、理解を得るという目的があるため、タイトルは何についての書面であるのかがわかるようにする必要がある。

そのため、「○○についてのお詫び」など、一見して何についての書面であるのかがわかるようにすることが重要である。

（2）　事実経緯

事実経緯について、広く公表し理解を得ようと考えると事細かに長文で経緯を説明する方がよいようにも考えられる。しかし、長文で記載したとしても、閲覧者がその内容を細かく丁寧に読んでくれるかは確実ではないし、それだけ発表にも時間がかかることになる。そのため、Ａ４判１～２枚程度に収め、簡潔かつ明快な文章となるようにする方が結果的に内容について理解する閲覧者の増加につながるといえる。

（3）　対応方針

原因にさかのぼって対応方針を策定することが重要となる。単にコンプライアンス精神の欠如といった抽象的な記載にとどまる場合には、どこかから持ってきたテンプレートをそっくりそのまま流用したなどと疑いをかけられたり、他人事として炎上を捉えているといった受け取り方をされたり新たな火種を生むこととなる。

（4）　処分

プレスリリースにおいて、処分内容までを記載するかは炎上の程度にもよると考えられる。それを公表するべきかどうか、公表した場合閲覧者がどういった反応をするのかという視点から検討される必要がある。

（5）　窓口

炎上の場合、代表電話などに苦情などが殺到し、電話回線がパンクしてしまうといったケースもみられる。そのため、問い合わせに対応する必要があるとしても、窓口を別途設けるなど、通常業務と分けて定めることも検討するとよいだろう。

誹謗中傷対応の実務

1）誹謗中傷と考える対象の特定

誹謗中傷だと考えた場合、まず行うべきは当該投稿はどこにあるかなどといった対象の特定である。特に、インターネット上における匿名投稿については、①いかなる媒体に投稿されているか、②投稿のURL、③投稿者のアカウント名などの情報を確保しておくことが極めて重要となる。

削除を行うということであれば、時間的な制限はあまり気にならないが、発信者情報開示を行う場合には、投稿者を特定するまでに必要なアクセスログなどが消滅している危険性がある。一つの目安としては、開示請求を依頼する弁護士には当該投稿がなされた日から2週間以内には相談をしておくことが重要である。

2）削除請求・発信者情報開示の方針策定

①　削除請求

削除請求にあたっては、任意開示として当該投稿の掲載されたプラットフォーム等の問い合わせフォームを通じて削除請求を行うもの、裁判手続を通じて行うものが考えられる。

削除については、消すと増えるともいわれるように、削除をしても再度投稿がされないとも限らない。自社として削除請求を一刻も早く行いたいという考えもあるところだが、いたちごっこにならないよう削除請求を行う時期についても検討する必要がある。

②　発信者情報開示

投稿者を特定するためには、ア：コンテンツプロバイダへのIPアドレス等の発信者情報開示、イ：アクセスプロバイダへの契約者情報開示の２段階を踏むことが基本となる。

開示手続に際しては、任意開示と裁判手続の双方が考えられる。しかし、Twitter等の海外法人が運営するSNSに関しては原則として任意開示がなされておらず、裁判手続によって開示がなされている。

また、裁判手続による発信者情報開示にあたっては、権利侵害の明白性が必要となる。権利侵害の明白性とは、権利侵害の存在、当該権利侵害について違法性阻却事由がないことを指し、責任阻却事由がないことまでを指すものではないとされている。

令和３年改正プロバイダ責任制限法（令和４年10月１日施行）により、従来の開示請求の要件が整理され（改正プロバイダ責任制限法５条)、発信者情報に関する定義の整備（改正プロバイダ責任制限法２条）がなされている。大きなポイントとしては、新たに発信者情報開示命令事件という非訟事件の類型が新設されたことが挙げられる(改正プロバイダ責任制限法第４章参照)。

発信者情報開示命令事件については、前述したコンテンツプロバイダ・アクセスプロバイダ双方への請求を一体的にした制度となっており、従来の手続よりも迅速な情報開示がなされることが期待されている。

３）対応

①　削除請求

削除請求にあたっては、当該投稿について行うほか、ウェブサイト自体の削除を求めることも考えられる。

②　発信者情報開示

手続については、外部弁護士に依頼すると想定されるが、その場合であっても、当該匿名投稿についての証拠保全は企業側に求められるところである。

特に証拠保全にあたっては、当該投稿のアカウント名、投稿日時、URLなどをスクリーンショット等で残しておくことが重要となる。

弁護士への依頼時に、不十分な内容のスクリーンショットのみを持参するケースが散見されるが、この場合、弁護士が確認するまでのタイムラグによっては証拠保全が不十分となることも懸念される。

発信者情報開示がなされた後には、「刑事対応（刑事告訴等）」「民事対応（損害賠償請求等）」「その他の措置」が検討されることになる。

実務で使用される書面と解説（通知書）

サンプル

通　知　書

年　　月　　日

株式会社Ｂ

代表取締役　甲野　太郎　殿

株式会社Ａ

代表取締役　乙野　次郎

（担当窓口　法務部　丙野）

1　当社は、貴社が当社に対し、Twitterを使用して名誉毀損等の投稿を行った件（以下、「本件」といいます）につき、ご連絡いたしました。つきましては、本通知以降の本件に関するご連絡は、すべて当社担当窓口宛にされますようお願いいたします。

2　さて、令和○年○月○日、Twitter上でユーザー名「@ＡＡＡ1234」というアカウントを利用し、「株式会社Ａの商品にはゴキブリが入っており、製造工場もゴミだらけで不衛生」などと投稿する人物が現れました。

上記投稿は、当社に対する業務妨害等に該当することから、当社は、かかる匿名投稿者に関する発信者情報開示請求を実施いたしました。

その結果、裁判所により、上記投稿は業務妨害に該当し、当社の名誉権等を侵害するとの判断が下されており、プロバイダに対する開示請求の結果、契約者として貴社の情報開示がございました。

従いまして、当社は、貴社が当プロバイダを利用して、上記投稿を行ったと考えております。

3　貴社のかかる行為は、先に述べたとおり、裁判所において当社の名誉権を侵害するものと判断されており、名誉毀損に該当するものとして民事上の損害賠償責任（民法709条）が発生するほか、刑事上の名誉毀損罪（刑法230条1項）に該当する行為です。

そして、当社は、貴社の行為により顧客からの数々の連絡等の対応に膨大な時間を要し、保健所の調査等も受けるとともに多大な損害が生じております。かかる損害等を換算すれば、通知人の損害は少なく見積もっても○○○万円は下りません。

4　そこで、当社は貴社に対し、上記3記載の損害につき、賠償の支払を求めます。つきましては、本書面到着後10営業日以内に当社担当窓口までご連絡いただきますようお願いいたします。

なお、かかる日数を経過しても貴社から一切ご連絡いただけない場合、当社は民事訴訟・刑事告訴含めた法的措置を講じることも検討しております。

5　以上、ご確認の上、ご連絡いただきますようお願いいたします。

草々

なお、発信者情報開示については、アクセスプロバイダから開示される情報はプロバイダとの契約者情報であるため、当該契約者＝投稿者でない可能性も存在するため（契約者が使用するインターネット回線を従業員が利用する、家族が利用するなど）、その点には注意が必要となる。

第6章　契約に基づく債務の未払と債権回収

POINTS

▶契約に基づく債務について、債務不履行により未払が生じた場合、債権回収の方法は複数考えられるが、確実な方法はない。そのため、契約締結時に担保を設定する等、事前の備えが重要である。また、債権回収のためには、債務者が保有する資産の内容や所在等、情報収集が重要となる。

▶債権回収の方法は、大きくは、任意の債権回収（法的手続によらない方法）と法的手続（裁判）に分類される。任意の債権回収としては請求（内容証明郵便の送付等）や交渉、法的手続としては、訴訟、民事執行（差押え）等があるが、それぞれにメリット・デメリットがあるため、経済合理性の観点も含め、事案に応じて適切な手段を選択することが肝要である。

▶相手方に支払意思がある場合、支払条件等を記載した書面を作成し、公正証書化する等、回収可能性を高めることが重要である。

▶任意支払の原資や差押えの対象となる資産は、債務者が有する不動産、預金、売掛債権が典型であるが、暗号資産（仮想通貨）等の新しい形態の資産も現れており、仮想通貨返還請求権を対象とした強制執行（債権差押え）の実例もあることから、最新の実務運用に留意する必要がある。

契約に基づく取引において、相手方（債務者）から契約で定められた金銭の支払を受けられない事態は珍しくない。このような場合、通常、債務者には債務不履行が生じており、債権者には、債務不履行に基づく損害賠償請求

（民法415条１項）や契約の解除（同法541条）等の法的な権利が生じる。しかし、法律上の権利が生じ、その権利が行使可能な状況になることは、債権を実際に回収できることを意味するものではない。そのため、契約で定めた債権の回収を実現するためには、未払発生の前後を通じ、さまざまな点に留意しながら対応する必要がある。未払が生じた場合の債権回収に際しては、取引を通じて得られた債務者の資産状況や意向、調査によって把握できた情報等を基礎に回収可能性を十分に検討した上で、経済合理性（費用対効果）、企業としての方針等を総合的に勘案した上での方針決定が求められる。

債権回収の方法のうち、任意の債権回収（法的手続によらない方法）は、①債務者の協力が得られる場合には、迅速な回収が期待できる、②費用がさほどかからない、といったメリットがある。反面、①法的強制力を持たないため、債務者が非協力的である場合等、回収につながらないリスクがある、②債務者による資産隠し等、後に予定する手続における回収可能性の低下を招くリスクがある、等のデメリットがある。

法的手続（裁判）については、①法的効力があるため、債務者の意向に左右されない、②裁判手続の中で、債務者と話合いにより解決（和解）できる場合がある、といったメリットがある。反面、①手続の進行は裁判所に委ねられ、判断を得られるまで相応の時間を要する、②手数料等の費用がかかる、等のデメリットがある。本章では、主に法的手続によらない債権回収を取り扱う。

KEYWORDS

【債務不履行】

債務者が、正当な事由なく、契約で定められた義務を果たさないこと。

【債務名義】

債権の存在および範囲、債権者ならびに債務者を証明し、債務者に対し執行機関の強制執行を許可する公文書。確定判決、裁判上の和解調書、執行について記載された公正証書等がこれにあたる。

【内容証明郵便】

いつ、いかなる内容の文書が誰から誰あてに差し出されたかということを、差出人が作成した謄本によって日本郵便株式会社が証明する郵便。

関連法令等

債務者に債務不履行が生じた場合の損害賠償や解除については、民法415条1項および同法541条に定められている。

【民法】

（債務不履行による損害賠償）

第415条　債務者がその債務の本旨に従った履行をしないとき又は債務の履行が不能であるときは、債権者は、これによって生じた損害の賠償を請求することができる。ただし、その債務の不履行が契約その他の債務の発生原因及び取引上の社会通念に照らして債務者の責めに帰することができない事由によるものであるときは、この限りでない。

以下　（略）

（催告による解除）

第541条　当事者の一方がその債務を履行しない場合において、相手方が相当の期間を定めてその履行の催告をし、その期間内に履行がないときは、相手方は、契約の解除をすることができる。ただし、その期間を経過した時における債務の不履行がその契約及び取引上の社会通念に照らして軽微であるときは、この限りでない。

実務アドバイス

債務者に債務不履行（未払）が生じた場合、債務者の意思にかかわらず回収を図るためには、債務名義に基づく強制執行（差押え）という、法的手続（裁判所を通じた手続）による必要がある。しかし、債務者に資産がないまたは資産を把握できていない場合、債務名義を取得し、強制執行を申し立てたとしても回収につながらないケースは多い。こうしたケースでは、強制執行までに要した費用も未回収となり、債権者の損害は一層拡大する。また、債務者が倒産（破産等）した場合には、担保が設定されていない債権を回収できる可能性は極めて低くなる。そのため、あらかじめ、契約締結の時点で、未払が生じた場合に備えた手当を検討しておくことが重要である。

債務者に未払が生じた場合の実務対応

債務者に未払が生じた場合、まず、債務者の有する資産を中心とした債務者に関わる情報の収集を行うことが重要である。情報収集の方法は多岐にわたるが、時間の経過とともに債権回収の可能性が低下するのが一般的であることから、対応には迅速性が求められる。また、債務者によっては、債権者の行動を察知して預金移動等の資産隠しを行う場合もあるので、債務者に察知されても問題ないか否かも検討する必要がある。特に、仮差押え等の民事保全手続を予定している場合には、債務者に関知される可能性の高い方法は避けるべきである。主な情報収集の手段は、①登記簿、ホームページ等、②債務者に対する直接調査（面談等)、③関係者からの情報収集、④信用調査、が考えられる。

①　登記簿、ホームページ等

債務者が法人である場合、法人の登記がされており、法務局で誰でも法人の登記簿謄本を取得することができる（「登記簿」と呼ばれる書類はいくつか種類があるが、取得費用は変わらないので、現在だけでなく過去の情報も含む「履歴事項証明」を取得するのが適当である)。登記簿から、法人の本店住所や支店の有無、代表者の住所等が確認できる（取引開始時等、未払が生じる前にも確認を行うべきである)。本店住所や代表者の住所がわかれば、次に当該住所地の不動産の登記簿を取得することで、不動産に関する権利関係（自社ビルか賃貸か、担保設定の有無等）も把握できる。債務者が不動産を所有している場合、差押えの対象となる可能性があることはもちろん、不動産に関する抵当権の内容を確認することで、取引先の金融機関を把握できる場合もある。すでに不動産に対して差押えがなされている場合、その事実も確認できる。

また、債務者が、自社のホームページに取引先金融機関等の情報を掲載している場合もある。

これらの調査は、債務者に関知されることは考えにくく、費用もほとんどかからないため、リスクは低い。

②　債務者に対する直接調査（面談等）

未払は債務者の資金繰り悪化が原因であり、債務者との関係自体が良好である等、債務者が協力的である場合には、債務者との面談等の債務者に対する直接調査により、有益な情報を得られる可能性がある。

ただし、債務者への不用意な接触が、資産隠しのきっかけとなる等、回収可能性を低下させる要因となることもあるため、債務者との信頼関係等に十分留意する必要がある。

③　関係者からの情報収集

同業者や債務者の取引先等、債務者の関係者に協力を求める方法である。功を奏すれば、債務者が取引に用いている預金口座等、有益な情報を得られる可能性もある。

ただし、調査対象やその方法やタイミングを誤ると、対象者に情報を与えて抜け駆けされる、債務者に情報が伝わり資産隠しのきっかけを与える等、回収可能性を低下させる要因となることもあるので、調査対象の選定等には十分な注意が必要である。

④　信用調査

調査会社に調査を依頼することで、債務者に関するさまざまな情報入手が期待できる（取引開始時の利用の方が一般的と考えられる）。

ただし、調査には相応の費用がかかり、損害拡大のリスクがあるため、経済合理性の観点での検討は不可欠である。

実務で使用される書面と解説

相手方（債務者）に未払が生じた際のリスクを低減させるためには、契約時点において、①担保、保証人等の回収手段を確保する、②遅延損害金の率を高く設定する等により相手方（債務者）が所定の支払を行う動機を高める、といった方法が一般的である。

①のうち、担保の設定については、その対象資産の種類（不動産、動産、債権（預金、売掛債権等））に応じ、（根）抵当権、質権、譲渡担保等の手段が考えられ、事案に応じて、適切な担保を選択する必要がある。近時では、暗号資産（仮想通貨）といった新たな形態の資産が現れていることからも、担保設定や、強制執行（差押え）の場面における対象の選択においては、債権回収につながる実効性の観点を中心に十分検討し、最新の実務を踏まえて適切に判断することが求められる。以下では、①の方法の一例として、所有権留保と保証金の条項を説明する。

1）　所有権留保

売買契約においては、売買代金の支払の有無にかかわらず、契約に定められた目的物引渡し時点で、所有権が買主（債務者）に移転するのが原則である。そのため、例えば、代金未払のまま債務者が倒産した場合、「代金の支払は受けられず、商品の返還も受けられない」ということが起こり得る。こうした事態を回避するため、契約書に目的物の所有権をとどめる条項を入れることが考えられる。当該条項の効果として、例えば債務者が倒産した場合、所有権に基づき、目的物の返還を求めることができる。

サンプル

> 第○条　（所有権留保特約）
> 本件商品の所有権は、乙が甲に対し、売買代金の全額を支払うまでの間、甲に留保される。

2）　保証金

継続して取引を行う相手（債務者）から契約締結時に一定の金額の金銭を預かっておき、債務者に未払が生じた場合に、代金に充当する定めを置くことが考えられる。取引の規模を保証金の範囲内にとどめておけば、代金未回収のリスクを回避することができる（取引規模が保証金を上回った場合でも、保証金の限度では回収が約束される）。

サンプル

> **第○条　（保証金）**
>
> 1　乙は甲に対し、本契約の保証金として、○円を預託する。
>
> 2　前項の保証金には、利息は付さないものとする。
>
> 3　乙に、本契約に関し債務不履行が生じた場合、甲は乙に対する催告を要することなく、第1項の保証金を、本契約に基づいて生じた乙の甲に対する一切の債務の弁済に充当することができるものとする。

交渉ポイント

相手方（債務者）に支払意思がない場合や、支払能力がない場合、交渉による債権回収は見込めないことから、交渉を行う実益は乏しい。回収につながる見込みのない交渉は、時間や労力の観点から、損害の拡大を招くリスクがあり、交渉を行うこと自体が不適当なケースもあるため、まずは、交渉（法的手段によらない回収方法）を選択すべきかどうか、という判断が求められる。

交渉による解決を図ることを選択した場合、主要な交渉事項として、①金額（債権の全額か、一部か等）、②支払条件（一括か分割か、一括の場合の支払時期、分割の場合の条件等）、③担保・保証の有無、④支払がない場合の手当（遅延損害金等）が考えられる。ただし、③、④については、契約締結段階等の平時であれば別論、契約で定めた支払が得られていない状況においては、これらの点について満足のいく条件で合意できる可能性は乏しいことから、①および②を中心に交渉するのが現実的である。①については全額、②については即時一括が理想であることは当然であるが、この条件で合意できるのであれば、そもそも未払が生じることは考えにくく、完全に満足できる条件で合意できるケースは稀有である。そのため、未払金の支払に関する交渉では、「金額」と「支払までの期間（確実性）」のどちらを重視するか、という選択を求められるケースが通常である。一般的に、支払までの期間と金額は負の相関関係となる（短期であれば金額は小さくなり、金額が大きいと長期になる）が、支払までの期間が長くなればなるほど、相手方が倒産するリスクも含め、債権回収の可能性は低くなるため、どのような条件が最適かはケース・バイ・ケースである。

実務で使用される書面と解説（請求書面）

債権回収の方法により、使用する書面も大きく変わる。法的手続（裁判）による場合、民事訴訟法、民事執行法、民事保全法等の法令を基礎に、裁判所が定める書類の提出を求められる。そのため、裁判所ウェブサイト等により、必要書類や書式を確認した上で、必要書類を漏れなく準備して提出することが必要となる。なお、裁判所へ提出する書面は、必要事項が漏れなく記載されていれば、書式は問われないことが通常であるが、裁判所から書式が提供されている場合には、それに従うのが必要事項に漏れが生じにくく合理的である。

他方、法的手続（裁判）によらない場合、書面に定めはないが、実務上多く用いられる書面は、①請求書面（内容証明郵便等）、②（債務者が支払に応じることを前提とした）合意書面である。このうち、②については、別に債務弁済契約書（公正証書）を取り上げて説明するため（第１編第10章参照）、本章では、①を取り上げて要旨を説明する。なお、①において、郵送の方法として内容証明郵便が選択される場合が多いが、この場合に「証明」されるのは、「書面の内容」「差出人」「宛先」「作成年月日」「郵送された事実」であり、その内容が「(法的根拠も含め）正しいこと」が証明されるわけではない点に留意が必要である。例えば、消滅時効の完成猶予のための催告（民法150条）として、請求書面を郵送することもあるが、この場合でも、内容証明郵便による送付が要件とされているわけではなく、内容証明郵便に特別の法的効力があるわけでもない。

サンプル

(※1)

令和○年○月○日

〒○○○－○○○○
東京都○○○○
株式会社○○○○
代表取締役　○○○○　殿

〒○○○－○○○○
東京都○○○○
株式会社○○○○
代表取締役　○○○○

通　知　書

前略　当社は、当社と貴社との間の令和○年○月○日付「売買取引基本契約書」(以下、「基本契約」といいます）および個別契約（以下、合わせて「本件契約」といいます）に基づく当社の貴社に対する商品売買代金の請求に関する件（以下、「本件」といいます）について、以下のとおりご通知申し上げます。(※2)

当社は貴社に対し、本件契約に基づき、本年○月○日から○月○日までの間、商品合計○個（以下、「本件商品」といいます）を販売し、同商品は貴社に引渡済みですが、本件商品の代金○円について、本件契約所定の支払期限○月○日までに支払をいただけておらず、本日時点でも未払となっております。（※３）

つきましては、当社は貴社に対し、上記本件商品の売買代金○円を、本通知書到達後○以内に末尾記載の口座に振り込んでお支払いただくよう請求します。振込手数料は貴社にてご負担ください。（※４）

期限内にお支払をいただけない場合、やむを得ず、法的措置をとりますのでご承知おきください。（※５）

草々

（振込先口座）

銀行・口座：○○銀行○○支店

口座種別：○○

口座番号：○○○○○○○

口座名義：○○○○○○○

以上

※１　内容証明郵便には、１行20文字以内、１ページ26行以内といった形式の制限があるため、確認が必要である。電子内容証明郵便を用いる場合、字数等の制限はないが、利用のためには事前の手続が必要となる。

※２　日付や契約書の表題により、契約を特定する。

※３　請求する金額と何に対する対価かを明確にする

※４　振込みを求める場合は口座や振込手数料の扱いも記載する。

※５　法的手続（訴訟）をとることが確実な場合の表現である。法的手続をとる予定がない場合には記載すべきではない。

☞ 実務アドバイス

法的手続（裁判）による場合、手続に応じた書面を出せば債権が回収できる、ということは稀有であり、手段（訴訟、仮差押え等）の選択やその着手時期、準備段階や手続開始後の進行、強制執行（差押え）段階での対象財産の選択等、法的知識を基礎とした戦略的な判断が求められる場面が多い。この判断を誤ると、回収に至らないことはもちろん、費用倒れとなり、損害が拡大するリスクが高まる。そのため、早い段階から法律専門家（強制執行（差押え）にも詳しい弁護士が望ましい）の支援を受けることが適当な場合が多い。

❖主要参考文献

・権田修一『債権回収基本のき［第５版］』（商事法務、2020年）
・須藤英章監修・経営紛争研究会編著『債権回収あの手この手Ｑ＆Ａ－各種財産の調査から回収まで』（日本加除出版、2020年）
・奥山倫行『弁護士に学ぶ！債権回収のゴールデンルール－迅速かつ確実な実践的手法－［第２版］』（民事法研究会、2020年）
・大西隆司編『事例でみる　スタンダード債権回収手続－専門家の視点と実務対応－』（新日本法規出版、2019年）
・園尾隆司・福岡真之介編『債権回収・保全・回収の手引き』（商事法務、2016年）

第3

契約書審査規程編

第1章　契約書審査規程

POINTS

▶契約書審査は、損失の危険の管理（会社法施行規則100条1項2号）の1つである。損失の危険の管理は、会社の業務の適性を確保するために必要な体制の一部であり、これは内部統制システムともいわれる。

▶案件の金額、個人情報取扱いの有無、経営上の重要性等に応じ、リスクを勘案しながら審査対象を定義する等により損失管理と契約書審査の効率化とのバランスを図ることが可能である。

▶契約書作成の最終責任者は通常、法務部門ではなく、案件の内容を一番よく知っている契約書審査の依頼者である。契約書審査は、法令、業界自主規制・規約および社内規程等への適合性に関する助言である。当該助言は法令等に日常触れていない相手方にもわかるように説明する。契約書審査依頼者が当該助言を理解した上で最終判断する。

関連法令等

会社法

取締役会は、いわゆる内部統制システムといわれる会社の業務の適正を確保するために必要な体制の整備を決定することが必要である（会社法362条4項6号）。契約書審査は、損害賠償条項をはじめとして適切な契約内容となっているかを審査することで内部統制システムの一部である損失の危険の管理（会社法施行規則100条1項2号）の一翼を担う。

【会社法】
（取締役会の権限等）
第362条
1～3　（略）
4　取締役会は、次に掲げる事項その他の重要な業務執行の決定を取締役に委任することができない。
一　重要な財産の処分及び譲受け
二　多額の借財
三　支配人その他の重要な使用人の選任及び解任
四　支店その他の重要な組織の設置、変更及び廃止
五　第676条第1号に掲げる事項その他の社債を引き受ける者の募集に関する重要な事項として法務省令で定める事項
六　取締役の職務の執行が法令及び定款に適合することを確保するための体制その他株式会社の業務並びに当該株式会社及びその子会社から成る企業集団の業務の適正を確保するために必要なものとして法務省令で定める体制の整備
七　第426条第1項の規定による定款の定めに基づく第423条第1項の責任の免除
5　（略）

会社は法人であり、会社の機関である株主総会、取締役または取締役会等の意思決定や行為が会社の意思決定や行為として帰属するのが原則である。また、対外的な行為を会社に帰属させるためには、代表権を持つ取締役の行為等が必要である。しかし、円滑な業務遂行のために、法は当該行為の一部の権限移譲を許容している。したがって、社内規程等により権限を委譲された者はその範囲で、契約締結権限または署名権限を有する。

【会社法】
（株式会社の代表）
第349条　取締役は、株式会社を代表する。ただし、他に代表取締役その他株式会社を代表する者を定めた場合は、この限りでない。
2　前項本文の取締役が2人以上ある場合には、取締役は、各自、株式会社を代表する。
3　株式会社（取締役会設置会社を除く。）は、定款、定款の定めに基づく取締役の互選又は株主総会の決議によって、取締役の中から代表取締役を定める

ことができる。
4　代表取締役は、株式会社の業務に関する一切の裁判上又は裁判外の行為をする権限を有する。
5　前項の権限に加えた制限は、善意の第三者に対抗することができない。

社内の関連規程

決裁権限規程、文書管理規程および社内印章管理規程等が主な契約書審査の関連規程となる。決裁権限規程は契約締結権限および署名権限、文書管理規程は契約書の保存場所や保存期間、社内印章管理規程は印章の保管場所や捺印権限者等を定める。契約書審査規程、第３編第２章で解説をする電子署名規程を改定する際は、関連規程を同時に見直すことが望ましい。

☞ 実務アドバイス

契約書審査の位置付け

第２編までで詳説された契約書の見方は、法令等の観点からの契約書審査である。会社が持続的に発展していくためには、広義には、それらに加え、会社のコーポレートガバナンスが効いており、かつ内部統制の仕組みが契約当事者にも守られることになっているか等の観点からも契約書を審査する必要がある。また、法務部門としては、前提として、社内規程がそろっているか、かつ、事業部へのトレーニングや働きかけも含めて適切に機能しているか、それらが契約書に反映されているかを考えることになる。契約書審査を超えて、契約書が適切に管理をされているか、契約書が適正に処分されているか等、物理的管理も必要となる。

法務担当者の姿勢

契約書の役割として、合意内容の明確化、証拠化、将来の紛争の防止等が挙げられる。合意内容がすれ違っていては、物事は円滑に進まない。また、仮に紛争となれば、感情的にも時間的にも余裕がないことが多いだろう。あらかじめ契約書作成の時点で定められることを記載しておくことによって将来の不要な紛争を防止できる。

では､その具体的条項をどのように作成するのか。契約書審査の依頼者は、現在の合意事項や周辺事項等、いわば現在の俎上に載っていることを提示する。それを基に、重要な案件であれば類似例などのヒアリングも行いながら将来起こる可能性があるものを想定していくことが法務部門に求められることといえる。

また、上述のような個別事案への対処とともに、法務責任者の契約書審査は法令等や社会の変化など、より一般的な変化に対応し、条項の作成をすることも必要である。

第一に、法令等の改正により、契約書の条項を変える必要があることがありその審査が必要である。

第二に、社会の変化により、条項を差し入れることが会社のプレゼンスを高めることがある。例えば、令和４年に政府が定めた「責任あるサプライチェーン等における人権尊重のためのガイドライン」に基づき相手方にも遵守を求めるサプライヤー行為規範等が挙げられる。

以上の幅広い業務をこなし､かつ変化に対応し続ける法務部門とするには、リスクベースでの業務範囲の決定を進め、問題解決にかける時間を捻出するべきである。また、ITの活用も積極的に検討すべきであろう。そして、法務担当者は自社および業界のビジネスモデルに精通し、業界や社会の変化を捉えながら契約書審査について専門的知識を深めていくことが望ましい。

自社の契約書ひな型

一方で、契約書審査とともに考慮すべきは自社ひな型の作成である。契約書ひな型は、自社の条件をあらかじめ網羅的に提示できるため、例えば一定の支払日など統一された事業プロセスを盛り込むことによって事業の標準化も図ることができる。さらに、ひな型どおりの契約は契約書審査を省略できることが通常であるため、契約書審査の効率化にもつながる。したがって、頻度の高い契約書または重要な契約書については自社の契約書ひな型を作成することが望ましい。また、このように自社ひな型は自社の事業や方針を色濃く反映するものであるため、重要な自社ひな型作成・変更の際は、事業部やコンプライアンス部等との連携が必須である。

実務アドバイス

契約書審査の実務

　契約書審査によって培われる知識は、法的知識を基礎としつつも、さまざまな契約内容およびビジネス上の力関係などに左右されるため、伝承が難しく、属人化してしまう場合が多い。しかし、極端に属人化が進むと、当該従業員の退職による会社としての継続性の観点や、批判にさらされないことによる改善の速度の遅れなどの点からリスクがある。そのため、例えば､自社の契約書ひな型の横に一欄付け加えたものを法務部門で共有し、そこに重要なコメントを契約書審査者が各自付け足していき、当該コメントを定期的に法務担当者全員で見直し、討議の上、必要であれば自社ひな型を修正していくなど、部門全体で改善していくのが望ましい。また昨今は、法務部門の知識を共有・蓄積していくサポートツール等もあるのでその活用も考えられる。

実務アドバイス

準拠法と契約書審査

　まず、契約書の準拠法が日本法か否かを確認する。準拠法が日本法であれば、日本語以外の言語で書かれていても日本法を基礎に契約書審査をすれば足りる。他方、日本法以外であれば、日本語で書かれていたとしても当該法律に基づいて契約書審査をしなければならない。日本法以外の場合は、できるだけ具体的に合意内容を契約書に記載し、かつ、契約過程については合意の内容としないという条項を挿入すべきは共通して重要な点と思われる。

契約書審査規程解説

サンプル

> **第１条　(目的)**
> 本規程は、当社において、適正な契約が締結されることを目的として、契約締結の権限および承認・決裁過程を定めることとする。

「適正」さは多義的であるが、交渉を経た適法な合意事項が記載されていることは前提として、内部統制の観点から（会社法362条４項６号）、財務の健全性からの損害賠償条項、情報資産管理の観点からの秘密保持条項、CSR（Corporate Social Responsibility）の観点からの各社サプライヤー行為規範等、必要な条項が適切に契約書に記載されているかを確認することも適正さの一部である。個社で落としてはならない契約書審査のポイントは自社の契約書ひな型に盛り込んでおく、または法務担当者の間で共有しておき、定期的に見直しをすることが望ましい。

サンプル

> **第２条　(定義)**
> １　本規程において、「契約」とは承諾と申込みの意思表示が合致したことを証する書面または電磁的記録をいう。
> ２　本規程において、「契約書審査」とは、契約を日本法および関連法令、業界の規約および社内規程等に照らして契約書の適法性および妥当性を審査し、事業部に対し助言をすることをいう。ただし、法務部の業務範囲の法律その他業界の規約等についてはこの限りではない。

契約以外の社内決裁などと混同しないための規定である。また、他部署との責任を明確にすることも大切である。なお、グループ企業において、グループ共通の規定が個々の企業の社内規程に落とし込まれていない場合は、社内規程に準ずるものとしてグループ内規程との適合性も審査する場合があり、その場合はその点の記載も望ましい。

サンプル

第３条　（契約書）
本規程で契約書審査を要する契約書とは、当社のひな型の可変部分のみを変更して作成された契約書以外の契約書のうち下記の内容が記載されているものをいう。
（１）　当社が支払う立場で、金銭の授受が発生する契約において、年間の締結金額が500万円以上のもの
（２）　継続的契約の基本契約
（３）　要配慮個人情報を取り扱う契約
（４）　個人情報の取扱いが1000件以上の契約
（５）　経営会議、取締役会または株主総会における決議が必要な契約
（６）　その他法務部が必要と認めた契約

会社の規模や業態等に応じて、紛争やトラブルが起こるリスクが高いものを契約書審査の範囲として定める。会社の成熟度と紛争リスクに合わせて、契約書審査の対象を定めることは効率化につながる。本条は、社会やビジネスモデルの変化によって、事業部と対話をしながら、定期的な見直しをする必要がある。サンプルでは、主な軸として金額、個人情報取扱いの有無、経営の観点における重要性から範囲を定めた例となっている。

サンプル

第４条　（契約締結権限）
１　次に掲げる者（以下、「契約権限者」という）は、本規程に定める決裁を経て、自己の名義により当社を代表して契約を締結することができる。ただし、第２号から第４号に掲げる者（以下、「所管部門責任者」

という）については、その所管部門に関する契約に限る。
（1）　代表取締役
（2）　各本部長
（3）　各部門長
（4）　その他各号に準ずる者として法務部門長が認めた者
2　所管部門責任者は、原則として、自己の所管する案件の契約を、自己の名義を用いて締結する。ただし、必要に応じて、代表取締役の名義を用いて契約を締結することができる。

取締役または代表取締役の契約締結権限および署名捺印権限を委譲する規定である。円滑な事業遂行に資する。通常は社内決裁規程等と整合をとって権限移譲先の役職の者を定める。

サンプル

第5条　（契約書審査を経ない本部等の承認過程）
1　当社従業員であって、当社の利益のために当社以外の者（以下、「相手方」という）との契約締結が必要と考える者（以下、「担当者」という）は、当該契約の要旨およびその対価について、その所属する部門の契約権限者の承認を得なければならない。
2　前項の承認を得るための手続については、所管部門責任者がそれぞれ定める。

自社の契約書ひな型をそのまま使用する場合等、第3条による契約書審査を経なくてよい契約の承認過程を定める。第3条で範囲を定めることにより法的リスクはすでに軽減されているため、個別の契約内容を所管部門で確認することにより適正な契約締結が期待できる。そして第3条で定められた契約書については契約書審査過程がなく、事業の効率化に資する。

サンプル

第6条　（法務確認）

1　担当者は、法務部門の担当者（以下、「法務部担当者」という）に対し、審査対象となる契約案を法務確認過程に上程する。

2　法務部担当者は、前項に基づき上程された契約案について、法令、業界団体規約および社内規程への適合性を審査し、必要な助言を行う。

3　法務部担当者は、前項の審査および修正の過程で、必要と考える者に契約案を確認させ、その承認を求めることができる。

契約書作成の最終判断および最終責任は契約内容を一番よく知っている事業部など契約書審査の依頼者であるべきである。したがって、契約書案は依頼者が作成することを原則としている。ただし、この段階での契約書案は依頼者の観点から実現したい契約内容のみが記載されているのが原則であると認識し、法務部門は適合性審査および案件固有のリスクなどを想定しながら損害賠償条項など将来の紛争を見据えた条項などを盛り込んでいくこととなる。また、新規案件や複雑案件は、法務相談として契約内容のヒアリングをしながら、法務部門が起案することも多い。本条は、法務部門での契約書審査には事業内容の妥当性等が入っていないため、法務部門からの審査は助言となり、最終的な判断は契約書審査を依頼した依頼者とし明記している。そのため、法務部門の助言は契約書審査の依頼者が判断できるように、相手方によくわかるように助言の趣旨やリスクおよび軽減対策を添えて伝えることが必要である。例えば、個人情報の取扱いが絡む案件については漏えい時の損害賠償が青天井となるおそれがあることから、年間取引額が少額な場合は、損害賠償の上限を年間取引額とするなどとする案を依頼者へ提示する。

サンプル

第7条　（法務決裁）

1　担当者または法務部担当者は、法務確認を完了した契約案について、法務部門の法務決裁過程に上程する。

2　法務部門長は、前項に基づき上程された契約案について、法務決裁を完了させる。

相手方との交渉においては、厳しい判断や法解釈を迫られることもあるため、法務部門内においてダブルチェックをする体制をとることは重要である。ただし、会社および法務担当者の成熟度を考慮しながら、リスクに応じて基準を設け、一定の重要性を持つ契約書のみダブルチェック体制とすることも考えられる。

サンプル

第8条　（捺印）
1　担当者は、本部等承認（第5条）または法務決裁（前条）が完了した契約案について、紙の契約書を取り交わす場合には、当該契約案について、本部等承認または法務決裁を経た最終版であることを確認して、押印責任者に必要な捺印を求める。
2　前項の捺印を求められた押印責任者は、その契約案について本部等承認または法務決裁を経た最終版であることを確認して、必要な捺印を行い、担当者に手交する。
3　担当者は、前項の捺印および相手方の捺印がそろった契約案（以下、「契約書」という）が印紙税法（昭和42年法律第23号）に定められた課税文書であるときは、契約書に必要な印紙を貼付し消印する。ただし、相手方との合意または慣行に従い、その作業および費用の全部または一部を相手方に委ねることができる。担当者は、契約書が印紙税法に定められた課税文書であるか判然としないときは、財務部門長またはその指定する者に助言を求めることができる。
4　担当者は、契約書番号を付せんで添えて、社内便で「法務部門／契約書保管係」に送付する。

本書では割愛するが、別に印章管理規程を整備し、印章の物理的管理をしっかりと行った上で、社内の捺印過程を構築する。構築時のポイントは、捺印時に契約書審査を経た最終版と捺印版の同一性を確認すること、捺印後の契約書を法務部門が一元管理をすることである。別途､文書管理規程を作成し､契約書の保存期間等を定める。訴訟とならない限り、紙の原本が必要となることは少ないため、倉庫保管とし、デジタルコピーをすぐに取り出せるようにすることをお勧めする。印紙の貼付は文書当事者に対する連帯責任であるため、自社の履行を確保する。また、印紙貼付の判断は法務と財務にまたがるものであるが、最終的には税務署と交渉をする事柄であることから、財務を責任者とし、財務部門が時に法務部門にアドバイスを求めるというスタイルが多い。

サンプル

第９条　（電子契約）

１　担当者は、本部等承認または法務決裁が完了した契約案について、電子契約（電子契約運用規程）により締結する場合には、電子契約締結に用いるメールアドレスを相手方に確認する。

２　担当者は、次項に該当する場合を除き、当該契約案が本部等承認または法務決裁を経た最終版であることを確認して、前項で確認したメールアドレスを添えて、押印責任者または電子契約担当者（電子契約運用規程）に、必要な電子契約の締結を求める。

３　担当者は、当該契約案により当社が受領すべき金額が取締役会決議を要する案件、株主総会の決議を要する案件または税抜１億円以上の場合には、当該契約案が本部等承認または法務決裁を経た最終版であることを確認して、第１項で確認したメールアドレスを添えて、法務部門長（またはその指定する者）に、必要な電子契約の締結を求める。これを求められた法務部門長（その指定する者を含む。次項において同じ）は、相手方の電子署名担当者が相手方を適切に代表することを確認する。

４　前２項の電子契約締結を求められた押印責任者、電子契約担当者または法務部門長は、その契約案について本部等承認または法務決裁を経た最終版であることおよび「電子契約締結をもって契約の内容および成立が真正であることの証とする」旨の文言が含まれることを確認して、電子契約を締結する。
5　担当者は、電子契約の締結が完了した契約案（電子契約サービスの発行する証明書類を含む。以下、「電子契約ファイル」という）について、相手方の電子署名を行ったメールアドレスが、相手方の用いるドメインに属することを確認する。
6　担当者は、電子契約ファイルが法務決裁を経たものである場合には、電子契約ファイルを法務部門長が指定するシステムにアップロードする。
7　担当者は、電子契約ファイルが本部等承認を経たものである場合には、決裁過程を記録するシステム上の番号を件名に記載して、法務部門にメール添付にて送信する。

電子署名サービスの活用については会社判断となる。利用する場合は、第三者認証機能があるサービスが望ましいと思われる。その上でさらに、相手方が署名名義者とは明らかに異なるいわゆる担当者へのメール送付を実務上要求されることがある。これは、署名者の同一性の問題であり、そもそも、本人のメールアドレスも行政機関への登録などがない中で、どのように確からしさを確保するかという問題があり、紛争リスク等との関係で会社のリスク判断となる。会社の合併など株主総会や取締役の決議が必要な案件については、従来の署名捺印をすること等、リスクに応じた決めが必要である。サンプルでは、上記に加え1億円以上という基準を仮に置いている。

サンプル

第10条　（本規程の所管部門）
1　本規程は、法務・コンプライアンス部門が所管する。
2　本規程の解釈および改廃は、法務・コンプライアンス部門長が行う。

契約書審査規程の改定は、ビジネスをよく知る事業部との対話および法務担当者による業界活動や法改正動向の把握を総合して、定期的に行う。業界活動は業界団体の法務コンプライアンス委員会のみならず、他委員会の関連部分を共有する仕組みを社内で構築する。また、監督官庁等のウェブサイトのチェックが有効である。

第2章 電子署名規程

POINTS

▶電子署名及び認証業務に関する法律では、当該法律で定められた電子署名により推定される事項を定めている。当該定めを超えた推定について、確立した判例・裁判例はいまだない。行政の見解としては、グレーゾーン解消制度による回答書などがある。

▶電子的な署名システムを利用する場合は、実務上、契約書に当該システム使用をもって内容の真正を証する旨の一文を社内規程に挿入することをおすすめする。また、当該システムにより、署名を依頼するための宛先とされる電子メールと署名者の同一性をどう確保するか等も社内規程にて定めることが望ましい。

▶電子署名は解釈および運用について定まってない点もあり、今後の発展がみられるものと思われる。本章で解説するサンプルは、現時点の一例となる。

関連法令等

民事訴訟法・電子署名及び認証業務に関する法律

契約書に署名または押印がされていると、内容および作成の真性が推定されるとされている（民事訴訟法228条４項）。これにより、契約書に署名または押印がされている場合に、契約の内容および作成への疑義を唱える場合は、疑義を持つ者が署名の偽造などについての立証をする責任を負う。この点、電子署名及び認証業務に関する法律（以下、「電子署名法」という）で定められた機関を通した電子署名は、当該推定と同等の推定が法定されている（電子署名法３条）。他方、電子署名法で定められていない機関を通じた電子署名について、当該推定と同等の推定が働くか否かは、確立した判例などは存在しない。この点、行政の見解は産業競争力強化法に基づくグレーゾーン解消制度等で一定程度示されており、実務上は参考とすることができる。最終的には個社判断となる。

【民事訴訟法】
（文書の成立）
第228条　文書は、その成立が真正であることを証明しなければならない。
2　文書は、その方式及び趣旨により公務員が職務上作成したものと認めるべきときは、真正に成立した公文書と推定する。
3　公文書の成立の真否について疑いがあるときは、裁判所は、職権で、当該官庁又は公署に照会をすることができる。
4　私文書は、本人又はその代理人の署名又は押印があるときは、真正に成立したものと推定する。
5　第２項及び第３項の規定は、外国の官庁又は公署の作成に係るものと認めるべき文書について準用する。

【電子署名及び認証業務に関する法律】
第２章　電磁的記録の真正な成立の推定
第３条　電磁的記録であって情報を表すために作成されたもの（公務員が職務上作成したものを除く。）は、当該電磁的記録に記録された情報について本人による電子署名（これを行うために必要な符号及び物件を適正に管理することにより、本人だけが行うことができることとなるものに限る。）が行われているときは、真正に成立したものと推定する。

電子署名規程解説

サンプル

電子署名規程

第１条　（目的）

本規程は､電子署名（電子署名及び認証業務に関する法律第２条第１項）および電子署名を用いる契約（以下､「電子契約」という）の円滑な利用を図るため、印章による捺印に代えて、電子署名の利用および電子契約の締結について必要な事項を定める。

ここでは電子署名規程として独立させているが、社用印章取扱規程または契約書審査規程の一部としてもよい。

サンプル

第２条　（アカウント管理）

１．当社が使用する電子署名は、別紙１に定めるグレーゾーン解消制度電子契約サービスに基づくものに限る。

２．電子署名に印影を表示させる場合、その印影は、当社の印章による印影とする。

３．各押印責任者は、その権限を有する印章の名義人の記名および印影を表示させて、文書ファイルに電子署名を施す権限を有する。

４．各押印責任者は、前項の権限を、法務部門長の許可を得て、押印担当者その他の適当な従業員（以下､「電子契約担当者」という）に分掌させることができる。申請書式は書式１とし、前項の分掌を社外に証するための委任状を兼ねる。

５．電子契約担当者は、前項により分掌する名義人の記名および印影でない名義または印影を表示させて、文書ファイルに電子署名を施してはならない。

６．押印責任者または電子契約担当者でない者は、文書ファイルに電子署名を施してはならない。

７．電子契約担当者は、会社メールのみを用いて、文書ファイルに電子署名を施すことができる。その際、電子契約担当者は、その権限を有する名義人の印章の印影以外の画像イメージを表示させてはならない。

8．電子契約担当者は、別紙1に定められていない電子契約サービスを用いたり、独自の名義または画像イメージを使用したりして、文書ファイルに電子署名を施してはならない。

電子署名法では、当該法律で定められた電子署名による推定を定めている。当該定めを超えた推定について、確立した判例・裁判例はいまだない。その利用は個社の判断に委ねられる。ここでは、その実務運用の一例を挙げている。実務運用上の主な論点は、社内での契約書審査が終了した最終版であることの確認、社内での権限移譲、および電子署名を依頼する電子メールが署名者または権限移譲された者の電子メールであることの確認であると思われる。重要な契約書に関しては、電子メールが署名者のものである旨の確認書を署名捺印の上取得することであるが、電子署名の迅速性・簡易性を損ねるともいえるため、リスクに応じて、電子メールで当該確認を済ませる、客観的にも署名者の氏名および会社のドメインであることを電子メールで確認するなどが実務上考えられる。いずれにしても、個社の決断に委ねられる。

サンプル

第3条　（署名または捺印）

押印責任者または電子契約担当者は、電子契約を締結するにあたっては、法務部門長の定める契約書審査規程に従わなければならない。

サンプル

別紙1（第2条第1項）

当社が利用する電子契約サービス：グレーゾーン解消制度により認められたもの

以上

サンプル

書式1（第2条第4項）

電子署名権限移譲申請書兼委任状

社内規程（電子署名規程第2条第4項）に基づき、下記従業員（受任者）に、下記メールアドレスを用いて、下記委任の範囲で、下記名義により、当社を代表し、電子契約を締結する権限を委任する。

記

従業員（受任者）　○○本部　○○　○○

メールアドレス　○○@○○.com

委任の範囲

1．弊社が支払う金額（継続的契約の場合は年間負担額）（税抜）は○○万円以下の契約に限る。

2．弊社が受け取る金額（税抜）は限定しない。

3．契約相手方が○○県、○○県または○○県内に所在する契約に限る（三者以上の契約の場合は相手方のうち一者が該当すればこれを満たすものとする）。

名義　代表取締役　○○

または　○○本部長　○○

以上

年　　月　　日

委任者
住所
○○会社
○○本部長
○○（電子署名）

前記社内規程に基づき上記を許可する。

年　　月　　日

同所
法務部門長
○○（電子署名）

申請方法

このページをコピーし、必要事項を記入しPDFにして、押印責任者と法務部門長を署名者にセットして、電子契約の締結フローを開始してください。

著者略歴

編著者

吉川 達夫（よしかわ たつお）　**第1編第4章・第7章担当**

ニューヨーク州弁護士。伊藤忠商事株式会社法務部、Apple Japan 法務本部長、VMware 株式会社法務本部長、We Work 合同会社 VP Regional General Counsel、米国 Tanium Inc.Contract Counsel を経て、米国 IT 企業日本法人 Senior Counsel。アクセス総合法律事務所オブカウンセル（顧問）。駒澤大学法科大学院ほか非常勤講師。上智大学法学部、Georgetown Univ. Law Center（LL.M.）卒。

主な著作

『ハンドブック　アメリカ・ビジネス法　第２版』（共編著、第一法規、2022 年）、『実務がわかるハンドブック企業法務［改訂第３版］』（共編著、第一法規、2021 年）、『ライセンス契約のすべて　基礎編　改訂版（改正民法対応）」（共編著、第一法規、2020 年）、『ライセンス契約のすべて　実務応用編　改訂版（改正民法対応）』（共編著、第一法規、2020 年）、『これ１冊でわかる　会社運営と書式対応の基本』（共編著、第一法規、2019 年）、『国際ビジネス法務［第２版］』（編著、第一法規、2018 年）、『ダウンロードできる英文契約書の作成実務』（共編著、中央経済社、2018 年）など著作・論文多数。

著　者（担当章順）

栗田口 太郎（あわたぐち たろう）　**第1編第1章担当**

弁護士。アンダーソン・毛利・友常法律事務所外国法共同事業パートナー。ビンガム・坂井・三村・相澤法律事務所（外国法共同事業）パートナーを経て現職。武蔵野大学大学院法学研究科（ビジネス法務専攻）特任教授、早稲田大学大学院法務研究科非常勤講師。早稲田大学法学部卒。著作・論文多数。

宗像 修一郎（むなかた しゅういちろう）　**第1編第2章・第6章担当**

ニューヨーク州弁護士。都市銀行法務部、外資系金融機関法務部・コンプライアンス部などを経て、外資系事業会社リーガルカウンセル。京都大学法学部卒、University of Pennsylvania Law School 修了（LL.M.）。

主な著作

『実務がわかるハンドブック企業法務［改訂第３版］』（共著、第一法規、2021 年）、『これ１冊でわかる　会社運営と書式対応の基本』（共著、第一法規、2019 年）、『国際ビジネス法務［第２版］』（共著、第一法規、2018 年）

山浦 勝男（やまうら かつお）　**第1編第3章担当**

現メーカー法務部顧問。元上場企業、メーカー法務部長。Wake Forest Univ. Law School 修了（LL.M.）。

主な著作

『ハンドブック　アメリカ・ビジネス法　第２版』（共著、第一法規、2022 年）、『ライセンス契約のすべて　実務応用編　改訂版（改正民法対応）』（共著、第一法規、2020 年）、『国際ビジネス法務［第２版］』（共著、第一法規、2018 年）、『英文契約書の法実務』（共著、三協法規出版、2012 年）

山崎 ふみ（やまざき ふみ）　第1編第5章担当

弁護士。ベーカー＆マッケンジー法律事務所。慶應義塾大学法科大学院修了。

主な著作

『ハンドプック　アメリカ・ビジネス法　第２版』（共著、第一法規、2022年）、『令和４年度　自分で進める　弁護士のための確定申告と税務』（共著、第一法規、2022年）、『これ１冊でわかる会社運営と書式対応の基本』（共著、第一法規、2019年）、『汚染リスク不動産取引の法務・会計・税務』（共著、中央経済社、2012年）

高仲 幸雄（たかなか ゆきお）　第1編第8章、第2編第1章担当

弁護士。中山・男澤法律事務所。国士舘大学21世紀アジア学部非常勤講師。

主な著作

『実務がわかるハンドブック企業法務［改訂第３版］』（共著、第一法規、2021年）、『図解人事・労務の基本と実務』（労務行政、2021年）、『同一労働同一賃金Q&A　―ガイドライン・判例から読み解く［第３版］』（経団連出版、2020年）、『これ１冊でわかる会社運営と書式対応の基本』（共著、第一法規、2019年）、『国際ビジネス法務［第２版］』（共著、第一法規、2018年）

荒田 学（あらた まなぶ）　第1編第9章担当

産業ガスメーカー所属（現在は米国関係会社に出向中）。新潟大学法学部卒、上智大学法科大学院修了。

主な著作

『実務がわかるハンドブック企業法務［改訂第３版］』（共著、第一法規、2021年）

原田 真（はらだ まこと）　第1編第10章、第2編第6章担当

弁護士。株式会社村田製作所、東京丸の内法律事務所を経て、アクセス総合法律事務所。一橋大学経済学部卒、一橋大学法科大学院修了。

主な著作

『ハンドプック　アメリカ・ビジネス法　第２版』（共著、第一法規、2022年）、『実務がわかるハンドプック企業法務［改訂第３版］』（共著、第一法規、2021年）、『『これ一冊でわかる　会社運営と書式対応の基本』（共著、第一法規、2019年）、『ハンドブックアメリカ・ビジネス法』（共著、第一法規、2018年）、『基礎から学べる!著作権早わかり講座』（共著、第一法規、2014年）

中谷 浩之（なかたに ひろゆき）　第3編第2章担当

現上場企業メーカー法務部責任者。元上場企業メーカー知財部本部長。

舟橋 和宏（ふなばし かずひろ）　第2編第3章・第5章担当

弁護士（東京弁護士会）。レイ法律事務所。駒澤大学法科大学院非常勤嘱託（アドバイザー弁護士）。メディア・エンターテインメント案件を多く扱うレイ法律事務所にて、著作権、商標権等関連法務、実演家の権利問題、炎上・誹謗中傷問題等を扱う。マンガ・アニメーションなどの趣味を高じて、映像制作会社をはじめとした企業顧問、VTuber等の個人顧問業務等を担当。企業・団体に対する著作権セミナーなども多数実施。明治大学法学部法律学科卒、駒澤大学法科大学院修了。

西岡 毅(にしおか つよし)　第2編第4章担当

弁護士（東京弁護士会)。奥綜合法律事務所を経て、2015年、新虎通り法律事務所を開設。上智大学法学部卒、上智大学大学院法学研究科法曹養成専攻修了。

主な著作

『実務がわかるハンドブック企業法務［改訂第３版］』（共著、第一法規、2021年)、『ライセンス契約のすべて　実務応用編　改訂版（改正民法対応)』（共著、第一法規、2020年)、『電子商取引法ハンドブック〔第２版〕』（共著、中央経済社、2012年)

内田 慶子(うちだ けいこ)　第3編第1章・第2章担当

弁護士（第一東京弁護士会)。外資系証券会社、東京大学先端科学技術研究センター助教、海事系法律事務所、外資系保険会社法務コンプライアンス本部長及び執行役員などを経て、現在は外資系事業会社法務コンプライアンス部門長・経営陣。京都大学法学部卒、東京大学法科大学院修了。

第一法規「読者限定サービス　電子版閲覧サイト」

本書に掲載の契約書・書面のサンプルは、読者のみなさまの利便性を考慮して、データでの提供を行っています。下記 URL もしくは QR コードからログインしてご利用ください。

https://skn-cr.d1-law.com/

※資料は、予告なく変更・掲載終了をする場合があります。ご了承ください。

サービス・インフォメーション

通話無料

①商品に関するご照会・お申込みのご依頼
TEL 0120(203)694／FAX 0120(302)640

②ご住所・ご名義等各種変更のご連絡
TEL 0120(203)696／FAX 0120(202)974

③請求・お支払いに関するご照会・ご要望
TEL 0120(203)695／FAX 0120(202)973

●フリーダイヤル（TEL）の受付時間は、土・日・祝日を除く9:00～17:30です。

●FAXは24時間受け付けておりますので、あわせてご利用ください。

実務がわかるハンドブック　契約法務・トラブル対応の基本
［国内契約書編］

2023年７月10日　初版発行

編　著　　吉　川　達　夫

発行者　　田　中　英　弥

発行所　　第一法規株式会社
〒107-8560　東京都港区南青山２-11-17
ホームページ　https://www.daiichihoki.co.jp/

装　丁　　篠　　隆　二

HB契約トラ国内　ISBN 978-4-474-09204-4　C2034 (9)